KB036636

독립기념일로 살펴보는
세계 독립의 역사

세계 독립의 역사

초판 1쇄 발행 2019년 3월 1일
초판 2쇄 발행 2020년 7월 30일

지은이 알파고 시나씨

기획편집 도은주
SNS 홍보·마케팅 류정화

펴낸이 윤주용
펴낸곳 초록비책공방

출판등록 2013년 4월 25일 제2013-000130
주소 서울시 마포구 월드컵북로402 KGIT센터 925C호
전화 0505-566-5522 팩스 02-6008-1777

메일 jooyongy@daum.net
인스타 @greenrainbooks
포스트 http://post.naver.com/jooyongy
페이스북 http://www.facebook.com/greenrain.book

ISBN 979-11-86358-53-5 (03900)

이 도서의 국립중앙도서관 출판예정도서목록(CIP)은 서지정보유통지원시스템
홈페이지(http://seoji.nl.go.kr)와 국가자료공동목록시스템(http://www.nl.go.
kr/kolisnet)에서 이용하실 수 있습니다. (CIP제어번호 : CIP2019005774)

억압에서
벗어나
시민사회가
되기까지

독립기념일로 살펴보는
세계 독립의 역사

초록비 책공방

들어가며

　중동 문명을 살펴보면 일부 숫자에 의미를 두고 신비롭게 여기기도 한다. 예를 들어, 1, 3, 4, 5, 7, 11, 33, 40, 99, 100, 1000, 4444 등과 같은 숫자이다.

　나는 중동 태생이다 보니 이러한 숫자들에 애착이 있다. 그래서 조직의 인원 수나 행사 혹은 기념식이 열릴 때면 몇 주년, 몇 회 등과 같이 회차에서 특별한 의미를 찾으려고 한다. 특히 '100'이라는 숫자에 더 큰 의미를 두고 있는데 '100'이라는 숫자는 중동에서 뿐만 아니라 세계 어디서나 뜻깊은 숫자로 여기고 있기 때문이다.

　2019년은 한국의 5대 국경일 중 하나인 삼일절이 100주년을 맞이하는 해이다. 짐작컨대 서울은 물론 각 지역에서도 의미 있는 삼일절 기념행사들이 열릴 것이다. 그리고 한국에 사는 국민들과 해외 동포들은 100주년을 맞이하는 삼일절을 평소와는 다르게 여길 것이 틀림없다.

　'100'이라는 의미를 차치하고라도 나에게 2019년 삼일절은 또 다른 의미가 있다. 터키 출신 쿠르드족인 내가 2018년 여름, 한국 국적을 취득하고 '한국 시민'으로 맞이하는 첫 삼일절이기 때문이다. 즉 2019년 3월 1일은 나에게 있어서는 '첫' 삼일절이고, 한국인들에게는 '100주년'이 되는 삼일절이다.

그래서일까? 나 스스로에게 그리고 한국인들에게, 더 나아가 한국 역사에 관심이 있는 외국인들에게 유의미한 작업을 해 보고 싶은 욕구가 생겼다. 그리고 그 욕구를 좇아 한국에 와서 공부했던 정치외교학의 배경 지식과 졸업 후 외신 기자로 활동하면서 얻은 정보를 토대로 100주년을 맞이하는 삼일절을 색다른 방법으로 접근하기 시작했다.

이 책을 쓸 때 가장 동기 부여가 많이 된 것은 무엇보다 1919년 3월 1일 오후 2시에 일어났던 '3.1 운동' 그 자체였다. 많은 사람들이 모여 "조선 독립 만세!"라고 외친들 정말 독립이 될 것도 아니었고(그때 그 사람들은 그렇게 목청 높여 외치면 진짜 독립이 된다고 생각했을까?), 그렇다고 3.1 운동이 한국에서 일어난 첫 반일 시위도 아니었기 때문이다.

그렇다면 3.1 운동은 그동안 벌여 왔던 독립운동과 무슨 차이가 있는 걸까? 이것이 너무 궁금해서 저명한 학자들에게도 물어보고, 해외 사례와 비교도 해 보면서 한국 역사에 더 깊이 다가갔다.

보통 공화정으로 구성된 근현대 국가에게 국경일은 '그 나라의 자유 혹은 독립과 관련하여 큰 의미를 가지는 역사적 사건을 기념하는 날'이다. 이런 맥락으로 봤을 때 삼일절은 한국의 독립에 큰 의미가 있는 사건임에는 틀림없다. 그러면 한국 사람들에게 삼일절은 어떤 의미를 지니고 있는 걸까? 나아가 한 국가에게 독립은 과연 무엇을 의미하는 것일까?

나는 이 질문에 대한 답을 세계 각국의 사례와 비교를 통해 찾아보았다. 국경일을 중심으로 한국의 근현대사와 세계 각국의 독립 역사를 유쾌하게 비교하면서 한국 사람들에게 삼일절과 독립은 어떤 의미를 가지는지 탐구하고자 한 것이다.

이 책을 통해 서른 살에 한국 시민이 된 외신 기자의 눈에는 삼일절의 의미와 한국의 독립 역사가 어떻게 보일 수 있는지 그 생각의 궤적을 좇을 수 있을 것이다. 아울러 한국이 독립을 하려고 했던 그 시대의 세계사 흐름을 한눈에 살펴보는 재미도 느낄 수 있을 것이다.

차 례

1부 · 독립의 불씨를 당긴 민족주의의 발현

2부 · 억압으로부터 자주 독립을 쟁취하다

알파고를 알게 된 후 적어도 세 번 놀라게 되었습니다.

그를 처음 만났을 때는 2016년 봄이었습니다. '알파고 vs 이세 돌'의 바둑 대결이 세계적인 화제가 된 직후여서 내가 만난 미남 터키 청년의 이름 '알파고'가 예명인 줄 알았는데 실제 본명이어 서 놀랐습니다.

두 번째는 그의 다재다능함에 놀랐습니다. 그와 대화를 나누며 알게 된 바로는 터키에서 전기학을 전공하다가 우리나라로 와서 한국어를 공부하였을 뿐만 아니라 중국어도 전공하고, 서울대학 교 대학원에서는 외교학으로 석사 학위도 땄습니다. 직업 또한 언 론인(〈AsiaN〉 편집장), 강사, 방송 패널, 칼럼니스트로 종횡무진하다 가 최근에는 한국어로 사람들을 웃기는 코미디언으로도 활약하고 있습니다. 외국인이 우리말을 배워 한국인 못지않게 잘하는 경우 는 심심찮게 보지만, 이렇게 많은 분야에서 활동할 수 있다는 것 이 믿기지 않습니다.

알파고가 이번에 출간한 《세계 독립의 역사》는 나를 세 번째로 놀라게 하기에 충분했습니다. 이 책을 여러 가지 정보를 모아 놓은 잡학 사전 정도로 생각하면 큰 코 다칠 수 있습니다.

세계 각지 국가들-영국, 프랑스, 미국, 멕시코, 조지아, 필리핀, 터키, 알제리, 인도네시아, 나미비아-의 독립 과정을 한국의 경우와 주제별로 비교 · 분석한 것은 알파고와 같은 다양한 연구와 경험의 보유자가 아니면 불가능한 작업이라고 생각합니다.

2019년은 3.1 운동과 대한민국 임시정부 수립 100주년이 되는 해입니다. 이를 기념하는 데 있어 《세계 독립의 역사》는 제3자의 시각에서 우리가 보기 어려운 것들을 이야기해 주고 있습니다.

알파고 또한 한국 국적을 획득하고 맞이하는 첫 삼일절이어서 인지 객관성과 함께 애정 어린 눈 그리고 위트가 넘치는 유머 감각으로 우리가 잘 알 것 같은 문제들을 새롭고 재미있게 풀어 놓았습니다.

《세계 독립의 역사》를 읽다 보니 익숙하다고 생각했던 역사에 다시 눈을 뜨게 되어 신기하면서도 약간의 부끄러움을 느끼게 되었습니다.

그런 의미에서 알파고가 3.1 운동에 대하여 "나는 1919년 3월 1일을 근현대적인 한국 민족의식의 생일이라고 표현하고 싶다."라고 한 말은 긴 여운을 남기고 있습니다.

오준 경희대학교 교수
(세이브더칠드런 이사장, 前 유엔대사)

독립과 국경일은
어떤 관계가 있을까

이 책에 빠지면 안 되는 두 가지 키워드가 있다. 하나는 '독립'이고, 또 다른 하나는 '국경일'이다. 그래서 이 책을 쓰기 전, 나는 한국을 중심으로 세계 각국의 국경일과 독립 과정을 대대적으로 조사해 보기로 했다. 그 과정에서 제일 궁금했던 질문은 바로 이것이다.

"대한민국이 건국되기 전, 그러니까 조선 왕조나 대한제국 시절에도 국경일이 있었을까?"

이 질문을 품고 자료를 살펴보자 그동안 미처 깨닫지 못했던 사실이 보였다. 조선 시대에는 국경일이 없었지만 대한제국 시절에는 국경일이 있었다는 것! 이 사실이 너무 신기해서 그 원인을 파고들었다. 내가 찾은 답은 단순하고 명쾌했다. 국경일은 현대적인 개념이자 현대화의 산물이라는 것이다.

민족주의의 발현

민족주의를 연구한 학자 베네딕트 앤더슨Benedict Anderson는 《상상의 공동체》에서 '지도, 인구 조사, 박물관, 기념관 같은 개념들은 모두 현대화 과정 속에서 등장한, 민족주의가 창조한 것'이라고 했다.

로마 바티칸의 교황이나 중국의 황제 혹은 메카의 지배권을 가지고 있는 칼리프에게서 권한을 부여받은 군주들이 세계 전역에 크고 작은 나라를 세웠지만, 종교의 힘이 약해지고 인쇄술의 확산 등과 같은 사회적 진보가 이루어지자 사람들 사이에 민족주의 의식이 생겨나기 시작했다. 이렇게 발현된 민족주의는 프랑스 혁명 이후 전 세계로 퍼져 나갔다는 것이 그의 설명이다.

민족주의는 19세기 이후부터 전 세계의 질서를 완전히 뒤집어 놓았다. 유럽의 작은 왕국들은 서로 통일되면서 민족 국가를 만들었고, 일부 유럽 왕국에서는 국민들이 혁명을 일으키고 왕을 쫓아내기도 했다.

반면 아메리카 대륙과 아시아에서는 전혀 다른 현상이 일어났다. 불과 100여 년 전 유럽에서 아메리카 대륙으로 이주한 사람들은 신대륙에서의 안전을 지켜 준 조국에 대항하여 새로운 나라를 세웠고, 아시아에서는 유럽 제국들이 보호국이라는 명분으로 자신의 나라를 식민지화하자 민족주의와 공산주의의 힘을 빌어 독립에 나선 것이다.

각 대륙마다 나타난 현상은 다를지라도 세계 각 지역에서 일어난 흐름에는 공통점이 있다. 기존에 있던 나라들은 없어지고 신생국이 출현했다는 점이다. 그리고 이때 생겨난 신생국들의 공통점은 바로 '계몽주의'와 '민족주의'라는 이데올로기가 발현되었다는 점이다.

그러나 종교가 국가의 중추적인 역할을 했던 시대에 민족주의라는 이념은 종교만큼 대중들을 끌어당기기에는 부족했다. 종교의 영향력이 약해진 것은 사실이지만 이는 계몽주의의 확산 때문이 아니라 종교인들의 비도덕적인 삶이 만든 결과였다. 종교 자체는 여전히 대중들에게 강한 영향력을 행사하고 있었다.

새로운 나라를 이끌어가야 하는 민족주의 리더들은 종교 대신 국민을 하나로 모을 무언가가 필요했다. 그 구체적인 산물이 지도, 인구 조사, 박물관, 기념관과 같은 것들이다. 국경일도 이와 같은 흐름 속에서 나왔다.

크리스마스에 바티칸 성 페트로 광장에 모인 천주교 신자들

민족의식을 강화하기 위해 생겨난 국경일

앤더슨과 비슷한 정치학적 접근 방법을 가지고 있는 학자들은 민족주의를 19세기 이후에 등장한 정치적 현상이라고 주장하며 대중들이 이를 따라잡지 못할 때도 있다고 지적한다.

그 예로 이탈리아의 경우를 살펴보자. 이탈리아는 이탈리아반도에 있는 왕국들 중 사르데냐 왕국의 통일운동으로 생겨난 나라이다. 사르데냐 왕국이 이탈리아반도에 있는 왕국들을 통일시킨 당시, 총리였던 마시모 다제글리Massimo d'Azeglio는 "이탈리아를 만들었다. 이제는 이탈리아 국민을 만들어야 된다."라고 말한 바 있다. 이 말은 이탈리아라는 나라는 생겼지만 그 국경 내에 사는 사람들은 자신을 이탈리아 국민이라고 생각하지 않았다는 의미일 것이다. 내 직장 동료인 이탈리아 출신 여기자 알레산드라 보나노미는 이렇게 이야기한다.

"이탈리아에서는 아프리카 이민자들이 대대적으로 건너와 범죄를 일으키기 전까지만 해도 '우리 이탈리아 사람'이라는 표현을 쓴 적이 없어. 왜냐하면 통일 전 이탈리아 사람들은 지역별로 작은 왕국에 살고 있었기 때문에 통일된 후 공통점을 느끼지 못했거든. 일부 드라마를 자막 없이는 이해하지 못할 정도로 이탈리아 내에서는 사투리 차이가 심해. 그래서 이탈리아 사람들은 늘 스스로에게 묻곤 하지. 도대체 '이탈리아인'이라고 한 사람은 누구지? 그것이 이탈리아반도에 살고 있는 사람들을 가리킨다면 이탈리아인이라는 표현과 유럽인은 무슨 차이가 있지? 이탈리아 사람들의 국민의식은 아프리카 이민자 문제 덕분에 생긴 것이 아닐까 싶어."

앤더슨의 주장에 따르면, 민족주의를 공고히 하는 데 있어 박물관이나 기념관, 국경일과 같은 여러 수단들은 대중을 끌어당겨 동원하는 역할을 한다. 그리고 불과 200년 전만 하더라도 전국적으로 모든 국민이 공식 행사를 통해 참여하는 국경일은 그 어떤 나라에서도 찾아볼 수 없었다. 물론 임금의 생일이라든가 결혼식이라든가 국가 차원에서의 행사는 있었지만 대부분 수도를 중심으로 주최되었을 뿐이다.

그러나 근대에 새로 생긴 국가에서는 (크리스마스나 라마단 명절에 해당 종교를 믿는 사람들이 다 같이 움직이듯이) 매년 같은 시기에 전 지역에서 국경일을 맞이하면서 자국민들이 '우리는 한 민족이다'라고 느끼도록 할 필요가 있었을 것이다. 그렇게 해야 이 신세계 질서에서 국가의 정당성을 확보하고 외부 공격을 당했을 때 문제를 극복할 수 있기 때문이다.

라마단을 맞이해 사우디아라비아의 검은 카바 신전을 맴돌고 있는 무슬림들

세상에서 가장 오래된 국경일

국경일에 대해 조사하다 보니 궁금한 점이 하나 생겼다. 우리가 알고 있는 국경일 중 가장 오래된 국경일은 어떤 날일까? 크리스마스? 아니면 라마단 명절?

크리스마스는 예수님의 탄신일이고, 라마단은 신이 마호메트 사도에게 코란을 처음 계시로 보내는 기간이다. 그러나 비종교인의 입장에서 보면, 크리스마스는 바티칸 시국市國 국부의 생일일 뿐이고, 라마단 또한 국교가 이슬람인 국가의 제헌절을 의미할 뿐이다.

그렇다면 말 그대로 가장 오래된 국경일은 무엇일까?

처음에는 '스위스 연방의 건국기념일'이라고 생각했다. 1291년 8월 초, 스위스 지역의 3인 대표가 신성 로마 제국으로부터 자치를 얻어 스위스 연방을 만들었고, 그날을 기념한 8월 1일이 스위스 연방의 건국기념일이기 때문이다. 그러나 1890년 말부터 스위스 사람들이 이날을 대대적으로 경축해 오긴 했으나 스위스 정부가 공식적으로 국경일로 지정한 것은 1994년의 일이다. 즉 스위스 건국기념일이 공식적으로 지정된 시점과 스위스 사람들이 축제처럼 기념한 시기에 차이가 많이 났다. '가장 오래된 국경일'에 대한 적절한 답변은 아닌 셈이다.

그래서 다시 한 번 조사해 보았다. 그리고 그 결과 '미국의 독립 기념일'을 찾아냈다. 미국이 독립선언을 한 다음해인 1777년부터 행사들이 다소 있었고, 이후 고위급 인사들이 여기저기에서 독립 기념행사를 거행해 왔다. 그러다가 국가적인 차원에서 공식적으로 국경일을 지정한 것은 1781년 매사추세츠 주에서였다. 이러한 기록을 보면 세계에서 가장 오래된 경축일은 '미국의 독립기념일' 이라고 할 수 있다.

1부.

독립의
불씨를
당긴

민족
주의의
발현

국경일을 만든
대한제국,
국경일이 없는 영국

─ 영국 ─

대한제국 시절부터 생긴 국경일

국경일과 민족주의와의 관계를 알아보았다면 다시 대한제국 시대로 돌아가 보자. 고려에서 조선으로 넘어간 것처럼 지배층이 바뀐 것도 아닌데, 왜 고종은 나라 이름을 바꾸고 국경일을 만들었을까? 이 의문점을 해소하려면 우리는 흥선대원군 시대로 돌아가야 한다.

1863년 철종이 사망한 후 조선 왕조의 실세가 된 흥선대원군을 기다리고 있던 큰 과제는 대외 관계였다. 그동안 조선과 대외 관계를 맺고 있는 나라는 중국과 일본 정도였지만 19세기에는 아시아 지역을 손에 넣으려는 서구 열강들이 그 야심을 노골적으로 드

흥선대원군   명성황후

명성황후를 죽인 일본 낭인들

러내며 쳐들어왔기 때문이다.

조선과 서구 열강과의 만남은 다른 아시아 왕국들과는 완전히 달랐다. 청나라를 비롯한 다른 아시아 나라들은 영토를 침입한 서구 열강과 전쟁을 치렀고 패배의 쓴맛을 맛보았다. 그러나 조선은 1866년 쳐들어온 프랑스(병인양요)와 1871년 쳐들어온 미국(신미양요)에게 딱히 패배하지 않았다.

다른 아시아 나라들은 서구 열강과 치른 전쟁에서의 패배로 자신감을 상실했고 현대화 운동이 빠르게 진행되었으나 흥선대원군이 있던 조선은 서구 열강들에게 굴복하지 않았고 침략당하지 않은 사실에 자신감을 얻어 쇄국정책을 더욱 강하게 펼쳤다. 물론 다른 사회학적인 요인들도 있었지만 이렇게 잘못 끼운 첫 단추로 인해 안타깝게도 한국의 현대화는 매우 늦어질 수밖에 없었다. 그 결과 서구 열강에 문호를 일찍 개방한 일본에게 밀리기 시작했고, 충심이 약하고 민족의식이 없던 일부 정부 관료들은 친일의 편에 서게 된다.

조선은 1873년 말 고종이 아버지인 흥선대원군을 밀어내고 정권을 잡은 후에야 비로소 서구 문물을 받아들이기 시작했다. 시기도 늦어졌지만 내부적으로도 문제가 많았다. 지식인 통합이 제대로 안되어 있었고, 임금 또한 리더십을 제대로 발휘하지 못한 탓에 청일전쟁 이후 조선은 일본과 러시아 사이에서 눈치를 볼 수밖에 없는 입장이 되어 버렸다. 그 와중에 고종의 부인 명성황후가 일본 낭인들에게 살해당하는 일이 발생했고(1895년 10월), 이듬해 2월 고종은 아들을 데리고 러시아 대사관으로 피신을 가게 된다.

러시아 대사관에 머무는 동안 고종은 국가 행정과 새로운 시대의 도래에 대해 많은 고민을 했다. 그리고 러시아 대사관에서 나오자마자 대한제국을 선포하고 스스로 황제로 즉위했다.

'대한제국'이라는 이름으로 새 출발의 길을 선택한 고종 황제는 광무개혁을 실시하면서 최대한 빠르게 나라를 현대화시키려고 했고, 현대화된 나라 운영을 위해 제도적인 면뿐만 아니라 국민들의 의식도 바꾸려고 했다.

고종 황제는 관료들이 쉽게 외세에 이용당하는 것을 보면서 백성들의 민족의식이 약하다는 사실을 깨달았다. 그래서 조선 왕조를 '제국'보다 '민족국가'로 재구성하려고 했다. 이 과정에서 생긴 것들 중 하나가 바로 국경일이었다.

민족의식을 고쳐시키기기에는 아쉬운 대한제국의 국경일

고종 황제는 국경일을 양력뿐만 아니라 음력으로 환산해도 의미가 있는 날로 규정했다. 가장 먼저 만든 국경일은 '황제탄신일'

광무개혁을 통해 나라를 현대화시키려고 했던 고종, 색안경을 끼고 있다.

인 음력 7월 25일이다. 이날은 고종의 생일이었다. 이어서 그는 스스로 황제로 즉위한 날인 음력 9월 17일을 '계천기원절'로 공포했다. 여기까지는 보통 근대적인 왕정 국가에서 정하는 국경일이다.

그러나 대한제국에는 다른 왕정 국가에서 찾아볼 수 없는 국경일이 있다. 황태자 순종의 생일을 경축하는 '천추경절(음력 2월 8일)'과 이성계가 고려 왕조를 무너뜨리고 정권을 잡아 조선 왕조를 세운 날을 기념하는 '개국기원절(음력 7월 16일)'이 바로 그것이다.

이 두 국경일은 백성을 뭉치게 하고 민족의식을 고취하기 위해 서라기보다는 백성들로 하여금 이씨 왕가에 충성을 요구하는 목적으로 만든 국경일같다는 생각이 든다. 왜냐하면 한민족이 처음 세운 나라가 조선은 아니지 않은가? 그리고 조선은 다른 민족이 사는 땅을 정복하여 세운 나라도 아니다. 즉 고려와 조선은 모두 같은 민족이 살고, 같은 민족이 다스리던 나라였다. 그런데 개국기원절이라니.

왕씨 왕가에서 이씨 왕가로 정권이 넘어가 나라 이름만 바꾼 날인 개국기원절이 과연 백성들의 민족의식을 고취할 수 있었을지 의문이 든다. 그보다는 백성들로 하여금 스스로 자부심을 가질 수 있는 날을 국경일로 정하고 기념해야 민족의식이 생기고 강해지는 것 아니었을까?

국경일이 없는 영국

국경일과 민족의식의 관계를 설명하면, 왠지 세계 모든 나라가 국경일이 적어도 하나 정도는 있을 거라는 생각을 하게 된다. 물론 대부분의 나라가 국경일을 가지고 있다. 단 두 나라만 국경일이 없다. 바로 영국과 덴마크이다.

영국은 공식적인 국경일이 없다. 하지만 그렇다고 해서 공휴일 또한 없다는 말은 아니다. 미국이나 한국과는 달리 영국은 국교가 '성공회'로 지정된 나라이다. 영국의 임금은 국가를 대표하는 왕인 동시에 성공회의 우두머리이다. 그렇다 보니 영국에서는 크리스마스 외에도 성공회에서 정한 기독교식 명절인 성 금요일과 신년일인 1월 1일을 공휴일로 지정하고 있다.

종교적인 의미를 지닌 공휴일 이외에 영국에서는 쉬는 날 자체가 참 예외적이다. 예를 들어, 영국에는 노동절이라는 명칭을 쓰지는 않지만 한국의 노동절*인 5월 1일 무렵, 5월 첫째 목요일을 '5월제May Day'라고 부르며 축제를 열고 쉰다. 간혹 5월 1일에 5월제를 열기도 한다.

또한 영국에서는 '은행 휴일Bank Holiday'이라고 불리는 공휴일이 있는데 말 그대로 은행 문을 열지 않기 때문에 쉬는 날이다. 날짜는 은행 춘계 휴일인 5월 마지막 월요일과 하계 휴일인 8월 마지막 월요일이다. 이처럼 영국의 공휴일을 아무리 훑어보아도 영국의 모든 국민을 뭉치게 만들고 민족의식을 길러 주는 국경일은 찾을 수 없다.

그렇다면 영국에 국경일이 없는 이유는 무엇일까? 영국은 자국

---

* 1963년 '근로자의 날'이라고 명칭이 변경되었지만 다른 나라에서는 노동절이라고 부르기 때문에 통일성을 위해 노동절이라고 표기한다.

민들의 민족의식을 강화시키는 국경일의 필요성을 느끼지 않았을까? 이 질문에 대한 답은 질문 안에 있다. 영국은 민족의식이 필요 없기 때문이다. 왜냐하면 영국은 프랑스처럼 국민이 직접 나서서 왕정과 싸운 적도 없고, 외부 세력에 의해 식민지가 된 적도 없다 보니 굳이 민족의식을 고취시키기 위한 목적으로 국경일을 만들 필요성을 못 느꼈기 때문이다.

영국 민족의식의 탄생

영국인들의 민족의식이 언제부터 탄생했는지 물어본다면 1215년 6월 15일 '마그나 카르타(대헌장)'에 서명한 시점부터가 아닐까 싶다. 마그나 카르타에 대해 설명하려면 일단 영국의 역사부터 살펴보아야 한다.

영국은 5세기까지 켈트족에 의해서 지배받고 있었다. 켈트족은 아일랜드 민족의 조상이다. 켈트족 중 가장 넓은 지역을 다스린 부족은 '브리튼Briton'이었다. 오늘날의 영국인을 일컫는 말 중 하나인 '브리티시British'는 브리튼과 같은 어원이다.

켈트족이 영국을 지배한 것은 사실상 5세기에 끝이 난다. 독일 북부 지역의 게르만족에 속한 앵글로색슨 부족이 브리튼 제도,

즉 영국으로 쳐들어오면서 이 지역은 앵글로색슨족의 지배하에 들어갔기 때문이다. 오늘날 영국의 주된 민족을 가르키는 말인 '앵글로색슨Anglo-Saxons'은 이 민족에게서 유래된 단어이다. 이후 앵글로색슨족이 약 500년 동안 영국을 지배했고, 10세기 말부터는 바이킹족과 프랑스 북부 지역에 거주

'사자왕'이라고도 불리는 리차드 1세

한 노르만족의 침략을 받았다. 사실은 노르만족도 일종의 바이킹족이지만 프랑스로 건너와 그 지역 사람들과 어울려 살고 그들의 문화를 받아들이다 보니 바다 위에서 사는 바이킹족과는 다른 문화를 갖게 되었다.

　앵글로색슨족으로 영국의 왕이 된 해럴드 2세는 1066년 스탬퍼드 전투Battle of Stamford Bridge에서 바이킹족을 쫓아냈지만 전투로 인해 군대가 약해졌다. 같은 해 브리튼 제도에 들어간 노르만족의 왕 윌리엄 1세가 헤이스팅스 전투Battle of Hastings에서 해럴드 2세를 죽이고 영국의 국왕으로 즉위했다.

그러나 영국의 왕이 된 이 신임 왕은 런던이 아닌 프랑스 노르망디에서 영국을 다스렸다. 세종대왕처럼 영국 역사상 가장 유명한 왕인 리처드 1세Richard I*는 영어를 거의 사용할 줄 몰랐으며, 왕으로 즉위한 후 영국에 있었던 기간이 총 1년도 되지 않았다.

하지만 왕이 어디에서 영국을 지배했든 노르만족이 왕권을 차지하게 되자 많은 노르만족 사람들이 프랑스에서 영국으로 이주해 왔으며, 그 결과 섬에서 지배층으로 군림하던 노르만족과 지방에서 귀족으로 나름 권력이 있는 앵글로색슨족 혹은 켈트족 간에 갈등이 생기기 시작했다. 이 갈등은 13세기 초까지 이어졌다. 지방에서 권력을 가진 귀족들은 영국 왕이 방심하는 순간을 기다리고 있었는데, 1214년 부빈 전투Battle of Bouvines는 그들에게 신의 한 수가 되었다. 지방 귀족들의 지지가 필요했던 영국 왕 존 1세는 그들이 준비한 마그나 카르타에 서명하기에 이른다.

민족의식의 씨앗이 된 마그나 카르타

이 협정으로 영국 왕과 지방 귀족 간에 권력 분할이 규정되었

---

* 리처드 1세는 사자의 심장을 가진 국왕이라고 해서 '사자왕'이라고 불렸다. 생애 대부분을 전쟁터에서 보낸 그는 중세 기사 이야기의 전형적인 영웅으로 동경의 대상이 되었다.

존 1세가 마그나 카르타에 서명을 하게 만든 부빈 전투

다. 영국 왕은 이제 나라를 마음대로 다스릴 수 있는 것이 아니라 협정에 명시된 법이 허락하는 범위에서 권력을 행사할 수 있었다. 이는 계약 사회의 가장 원시적인 모습을 보여 준다.

계약 사회는 민족주의의 씨앗이다. 유럽 학자들은 계약 사회를 민족국가의 기초로 보고 있다. 1762년에 장 자크 루소가 쓴 《사회계약론》에는 이 계약 사회라는 개념을 다루면서 초기 민족주의 혹은 민족과 국가에 대해 토론한 내용이 담겨져 있다.

일부 친親서방 학자들은 마그나 카르타를 민족주의보다는 영국

마그나 카르타에 서명함으로써 영국의 왕과 귀족은 권력을 나눠 가지게 된다.

식 민주주의의 기원으로 보기도 하는데, 이는 과대 해석이라고 생각한다. 마그나 카르타를 잘 읽어 보면 브리튼 제도에 거주하는 국민들의 권리보다 왕과 귀족 간의 관계가 주로 언급되어 있다.

마그나 카르타를 통해 발생한 또 다른 현상은 바로 반反바티칸 감정이다. 영국 왕이 마그나 카르타에 서명을 하긴 했지만 교황 인노첸시오 3세가 이 협정을 무효라고 선언하면서 존 1세를 이 상황에서 벗어나도록 지원할 수 있는 방법을 모색했기 때문이다. 존 1세 이후 즉위한 왕들 또한 이 협정을 무효화하려고 귀족들과 전쟁을 벌렸지만 결국 실패로 끝났다.

1297년에 수정된 마지막 버전의 마그나 카르타는 영국의 왕정에서 중추적인 역할을 했으며, 영국 법정의 기둥이 되었다. 이 과정에서 교황의 정치적인 입장이 영국 귀족들의 반감을 자아냈다. 이 반감이 영국의 국교인 성공회 탄생의 씨앗이 되었다고 해도 과언이 아니다. 마그나 카르타의 내용을 보면 영국 교회의 대주교를 자체적으로 선출하는 제도를 만든 법안이 있다.

민족주의에 불을 붙인 종교 개혁

노르만족의 영국 침략 시기부터 마그나 카르타의 실행화까지 그 기간 동안 영국에서는 반바티칸, 반대륙 감정이 형성되었다. 그리고 15세기 유럽에서 발생한 종교 개혁은 이 감정을 더욱 자극했다.

영국 역사를 공부한 사람들 중 일부는 장난삼아 "성공회는 헨리 8세가 다른 여자랑 결혼하고 싶었는데 천주교가 이혼을 못하게 해서 새로 만든 거 아니야?"라고 하지만 사실상 그전부터 영국에는 이미 종교 개혁과 반대륙, 반바티칸 감정이 만연해 있었다.

여기서 한 가지 더 짚고 넘어가야 할 것은 당시 영국을 다스리고 있던 왕가가 튜더 왕가라는 사실이다. 이 집안은 본토 출신 가문이다 보니 대륙보다 본토에 대한 의리가 더 강했다.

1509년 열여덟 살에 갑작스럽게 국왕으로 즉위한 헨리 8세는 왕가의 법도상 어쩔 수 없이 사망한 형의 부인인 캐서린*과 결혼했다. 헨리 8세는 자신이 아들을 얻지 못하는 이유가 형의 부인과 결혼했기 때문이라 믿었고, 앤 불린이라는 사랑하는 여자도 있었기 때문에 이혼을 하고 싶어 했다.

그러나 교황 클레멘스 7세는 두 가지 이유를 들어 그의 이혼 요청을 거절했다. 하나는 이혼은 종교적 율법에 위반된 행위라는 것이고, 또 다른 하나는 헨리 8세의 부인 캐서린이 당시 스페인 국왕이자 신성 로마 제국의 황제인 카를 5세의 이모였기 때문이다. 당시 교황은 불과 몇 년 전 바티칸을 약탈한 신성 로마 제국 황제의 눈치를 보고 있는 형편이었다. 헨리 8세는 때를 기다려야 했다.

1529년 의회에서 영국 국왕은 현황에 대해서 귀족들과 종교인들 그리고 법조인들의 생각을 물었다. 의회에 참석한 사람들 중에는 루터의 개신교 교리를 받아들인 개혁적 종교인들이나 정치인들도 있었고, 교황에 끝까지 성실한 신부들도 있었다.

---

* 아라곤의 캐서린은 스페인 국왕 페란도 2세의 딸이다.

당시 헨리 8세는 의회로
부터 큰 지지를 받고 있는
상황이 아니었으므로 의회
를 자기편으로 끌어들이고
교황을 견제하자는 차원에
서 대주교 임명권과 사법권
을 의회에 주는 법안을 만
들어 통과시켰다. 그리고
1532년 수석 장관으로 임
명된 토머스 크롬웰 백작
Thomas Cromwell은 영국 교회를
사실상 바티칸으로부터 이
미 독립시키는 법적 상황을
만들어 냈다.

헨리 8세는 종교 개혁을 통해
영국 교회를 로마 카톨릭에서 독립시켜
영국 국교회를 탄생시켰다.

1533년 헨리 8세는 의회의 지지를 앞세워 드디어 자신이 임명
한 대주교의 승인을 받아 캐서린과 이혼하고 앤 불린과 결혼을 했
다. 이는 교황을 화나게 만들었고 교황은 영국 국왕과 대주교를 파
문했다. 파문당한 헨리 8세는 자신을 영국 교회의 교황으로 선포
했다.

단순한 이혼 문제로 시작한 영국과 바티칸의 갈등 배경에는 더

깊은 문제가 숨겨져 있다. 튜더 왕가의 부상으로 강해진 영국화 정책, 루터의 개신교 교리가 영국의 지식인들 사이에 확산되었고 마그나 카르타를 통해 나타난 사법 분리 의식이 영국을 바티칸 혹은 유럽으로부터 분리시킨 것이다. 그 결과 민족 교회인 성공회가 탄생되었다.

내전으로 더 굳건해진 영국의 민족주의

영국은 17세기에 또 다른 경험을 한다. 바로 혁명이다. 영국의 찰스 1세Charles I는 장로교를 믿는 스코틀랜드인들에게 영국 국교인 성공회를 강요하는 한편 영국 본토에서도 천주교 옹호 정책을 펼치다가 민심을 잃은 상황이었다.

찰스 1세는 왕의 통치권은 신으로부터 부여받은 것이라는 부왕의 확고한 신념을 물려받은 왕이었다. 유연함이 떨어지는 그는 청교도가 장악한 의회와 원만한 관계를 맺지 못했다.

세금을 비롯한 각종 현안을 해결하고 민심을 잡기 위해 소집한 의회에서 찰스 1세는 의회와 크게 부딪혔다. 왕은 자신의 외교 정책이나 전쟁 비용 등에 관해 아무런 설명을 하지 않았고, 왕의 이런 태도로 인해 의회는 관세 부과에 대한 국왕의 권한을 인정하지

청교도 혁명 이후 영국의 군주제가 사라졌고
올리버 크롬웰은 호국경에 올라 나라를 다스렸다.

않았다. 이에 찰스 1세는 몇몇 귀족을 체포하거나 처형했고 그 결과 영국에서 내전*이 벌어지게 된다.

내전은 왕당파와 의회파 사이에 일어났다. 1646년 권력을 잡은 의회파는 3년 뒤 찰스 1세를 반역죄로 처형했다. 당시 의회파의 지도자는 헨리 8세 때 수석 장관이었던 토머스 크롬웰 백작의 후

---

* 영국에서 벌어진 이 내전을 청교도 혁명 혹은 잉글랜드 혁명이라고 부르기도 한다.

예 올리버 크롬웰Oliver Cromwell이었다. 크롬웰은 의회의 승인을 받아 1653년 영국의 군주제를 폐하고 호국경으로 임명되었다.

크롬웰의 사망으로 이 공화정은 오래가지 못했지만 이 혁명은 영국에 삼권 분리 제도, 입헌 군주제, 표현의 자유, 종교의 자유를 비롯해 계몽주의를 자극한 각종 권리를 탄생하게 만들었다.

프랑스 혁명이 일어나면서 전 세계적으로 현대적인 민족주의가 확산되었지만 영국에서는 그전에 이미 민족주의가 오랜 세월에 걸쳐 자연스럽게 형성된 것이다. 덕분에 영국 민족주의는 뿌리부터 튼튼하다.

20세기가 막을 내리면서 세계를 지배하던 굵직한 이데올로기는 사라졌다. 그러나 소비에트처럼 민족주의적인 느낌을 주지 않는 연합 왕국, 즉 영국은 아직도 굳건하다. 이처럼 민족주의 의식이 자연스럽게 형성된 영국에게는 현대적인 국경일이 생길 필요가 없었다.

3.1 운동과 프랑스 혁명 어떤 점이 닮았나

— 프랑스 —

구한말 대한제국의 정세

삼일절은 무엇을 기념하기 위한 날인가? 1919년 3월 1일에 무슨 일이 일어났는가? 우리는 왜 그날을 기억해야 하는가? 이를 살펴보기 위해서 우리는 구한말로 돌아가야 된다.

청일전쟁 이후 조선에서는 일본의 영향력이 계속 커지고 있었으며, 명성황후와 그의 세력은 러시아 제국을 이용해서 그들을 막으려고 했다. 그러나 명성황후는 1895년 10월 8일 일본 낭인들에 의해 살해당했고, 고종은 러시아 대사관으로 피신했다.

이때부터 러시아와 일본은 한반도의 패권을 사이에 두고 서로 견제하기 시작했다. 러일 대립 관계는 냉전 속에서 지속되다가 얼마 지나지 않아 두 나라 사이에 전쟁이 일어났다. 1902년 영일 동맹 조약을 맺은 일본이 러시아에게 만주 지역에 있는 군사를 철수하라고 경고했지만 러시아는 일본의 경고를 무시했다.

1904년 2월, 일본은 전쟁 선포도 없이 갑자기 러시아를 공격했고, 이를 계기로 러일전쟁이 발발되었다.

일본 손아귀로 넘어가 버린 대한제국의 주권

러일전쟁 당시 대한제국에서는 중요한 외교적 사건들이 일어났다. 러일전쟁이 발발하기 전 대한제국은 중립 선언을 했으나 일본은 친일파를 앞세워 대한제국에 압박을 가했고, 러일전쟁 직후인 1904년 2월 23일 한일의정서(혹은 조일 공수동맹)를 강제로 체결했다.

같은 해 8월, 일본은 이 조약이 약하다고 생각했는지 더 구체적인 내용이 담긴 조약을 준비해 대한제국에 한일 외국인 고문 용빙에 관한 협정서, 즉 '1차 한일협약'을 강제로 체결했다.

1년 후인 1905년 11월, 일본은 '2차 한일협약(을사조약)'을 강제로 체결하면서 대한제국의 외교권은 일본 제국으로 완전히 넘어가 버렸다. 즉 외국에 있는 대한제국의 모든 영사관이 일본의 손

을사조약의 부당함을 알리기 위해
네덜란드로 떠난 이상설, 이준, 이위종

아귀로 넘어간 것이다.

을사조약에 대한 국민들의 반발은 명성황후 시해 사건 때보다 훨씬 강했다. 이제 일본은 조정의 고위 관료들을 견제해야 할 뿐만 아니라 동시에 일부 국민들이 일으키는 자발적인 항의에도 신경을 써야 했다.

고종 황제는 대한제국에서 벌어진 일본의 만행을 세계에 알리고 싶었다. 이에 1907년 6월부터 10월까지 네덜란드 헤이그에서 열리는 만국평화회의를 그 기회로 삼아 밀사를 파견했다. 하지만 경제적인 문제로 3명의 밀사(이상설, 이준, 이위종)는 개막식에 참석하지 못했고, 회의가 열리기 직전에야 겨우 도착할 수 있었다. 그러나 서구 열강 중 러시아를 제외한 대부분의 국가에서는 그들에게 관심을 가지지 않았다. 이유는 단순했다. 강대국 러시아에 엄청난 패배를 입힌 일본의 눈치를 봤기 때문이었다.

고종 황제의 밀사는 만국평화회의에서 큰 성과를 얻지 못했다. 하지만 일본은 이 밀사 파견 사건으로 스트레스를 많이 받았고 고종 황제에게 그 책임을 물었다. 일본과 친일파의 압박을 견디지 못한 고종 황제는 1907년 7월 스스로 퇴위하여 아들 순종에게 왕위를 물려주었다.

그리고 이 과정에서 일본은 한일신협약, 즉 '3차 한일협약'을 강제로 체결했다. 이 협약으로 인해 대한제국의 군대가 해산되었고, 얼마 뒤인 1910년 8월에는 대한제국의 자유를 완전히 없애 버린 '한일병합조약'이 체결된다.

독립운동에 불을 지핀 고종의 사망

내각 총리대신 이완용이 대한제국을 대표해 체결한 한일병합조약은 불법 조약이었다. 왜냐하면 대한제국 수장인 순종 황제의

3.1 운동 당시 모습

자유의지로 체결된 조약이 아니었기 때문이다. (이후 1965년에 체결된 한일기본조약에서 한일병합조약을 비롯한 구한말에 체결된 모든 조약들이 다 무효임을 재확인했다.)

나라의 주권이 불법으로 약탈당하자 지식인들과 그들을 따르는 일부 국민들은 항의에 나섰고 일본은 이러한 움직임들을 과잉 진압했다. 1차 세계대전 후 전 세계적으로 확산된 '민족자결주의(민족의 운명은 그 민족이 스스로 결정하게 하자)'로 인해 국민들의 독립에 대한 열망과 희망은 더 강해졌다. 이 와중에 남녀노소를 막

론하고 독립에의 의지를 더욱 자극한 사건이 일어났다. 바로 고종 황제의 사망이다.

지역 곳곳에서 독립선언 및 무혈 독립운동이 일어나는 와중에 고종 황제의 갑작스러운 사망 소식은 대한제국을 긴장 속으로 끌고 갔다. 고종 황제가 친일파 이완용에게 독살당했다는 풍문은 바람처럼 퍼져 사람들의 분노를 더 자극시켰다. 이러한 분위기 속에서 민족 대표 33인으로 불리는 한국 지식인들의 독립선언은 예상보다 더 큰 파장을 불러일으켰다. 탑골공원에서 시작된 만세운동은 서울을 지나 조선 팔도 곳곳에 독립운동이 펼쳐지도록 만들었다.

한국 민족의식의 탄생

민족 대표 33인은 다양한 분야에서 모인 지식인들이다. 15명의 천도교 인사, 16명의 기독교 인사, 2명의 불교 인사가 연대하여 나선 이날의 독립운동은 사람들에게 종교 정체성을 넘어 한국인이라는 민족의식을 강화시키는 계기가 되었다.

각자의 종교에서는 독보적인 위치를 차지하고 있는 이들이지만, 이들은 나라의 독립을 위해 광장으로 함께 나아갔고 타종교인

일지라도 동등하게 바라보는 시민의식을 가졌다. 이는 다종교 사회에서 민족의식이 생겨나는 데 필요한 기본 조건이라 할 수 있다.

한국의 민족주의 탄생 과정을 보면 민족주의의 형성은 유교적 질서에 의해 생겨난 신분제에 따른 폐해를 어느 정도 만회시킨 것으로 보인다. 대다수의 백성들은 민족 대표 33인이 속한 종교가 아닌 유교적 가치관을 따르는 사람들이었으며, 이들은 3.1 운동을 계기로 스스로의 정체성을 성리학 혹은 주자학이 만들어 낸 질서 체제에서 찾지 않고 한 단계 더 높은 '조선인'으로 보았기 때문이다.

주자학과 민족의식의 관계에 대해서는 좀 더 깊은 설명이 필요하다. 조선 왕조는 흥선대원군 때까지 교류하는 나라가 일본과 중국 정도였다. 이 두 나라는 모두 유교 문화권에 속해 있다. 이러한 대외 관계 속에서 백성들은 민족의식이 없지는 않았으나 원시적이었다.

박찬승이 쓴《민족·민족주의》라는 책에서 보면 그 당시 조선은 한반도를 중심으로 사는 민족의 혈통을 '족류' 혹은 '동포'라는 단어로 지칭하고 있다. 그러나 조선은 전통적인 왕조였기 때문에 민족의식에 중점을 두고 백성들을 다스리지는 않았다. 그 당시 조선 왕조는 고구려가 지배했던 북방 지역을 다시 정복하고자 하는 의지는커녕 같은 언어를 쓰는 조선족이 살고 있던 연해 지역과도 합병할 생각조차 없었다.

이렇게 몇 백 년을 보낸 조선은 19세기 중순 주변 정세로 인해 전환점을 맞이했다. 서구 열강이 조선으로 쳐들어왔을 시기 대원군이 세운 척화비와 위정척사운동은 백성들에게 민족의식을 심어주는 데 다양한 영향을 미쳤다. 이 사건들로 인한 장단점은 있었지만 결과적으로 단점이 더 많지 않을까 싶다.

김영작이 쓴《한말 내셔널리즘》에서도 언급되었듯이 위정척사운동으로 조선의 고급 관료들은 자신의 정체성을 한국인 혹은 한민족으로 정립하는 것이 아니라 성리학, 더 나아가 주자학으로 규정했기 때문이다. 이런 맥락에서 보면 유가 사상이 탄생한 중국, 즉 청나라는 형 같은 존재였고, 서구 문물 또한 서양에서 직접 받아들이는 것이 아니라 같은 유교 문화권에 있는 일본을 통해 받아들이는 것이 당연했다.

결론적으로 봤을 때 조선 후기의 주자학은 근대 민족주의의 탄생을 늦추게 만든 원인이었다는 것이 주류 역사가들의 공통된 주장이다.

주자학의 이와 같은 기능은 유럽에서의 천주교, 오스만 제국 혹은 이란 제국에서의 이슬람과 비슷하다. 오스만 제국 밑에 있는 이슬람 계통 민족들은 제국이 붕괴되면서 독립을 했고, 교황청의 영향력이 강했던 유럽 민족들은 뒤늦게 민족 국가를 세웠다.

조선의 주자학 또한 이씨 왕가의 지배가 끝나면서 핵심적인 사상의 역할이 빛을 잃어가기 시작했다. 주자학은 3.1 운동 당시 신흥 종교인 천도교나 외부에서 들어온 기독교만큼도 도움을 주지 못하면서 일종의 은퇴 선언을 했다.

민족의식을 더 확고하게 만든 동학의 역할

한국 민족주의의 탄생 과정에서 '동학'을 빼놓을 수 없다. 조선 말기 1860년에 시작해서 1894년까지 큰 봉기를 일으킨 민족 종교인 동학은 '반봉건, 반외세'를 모토로 신분제의 타파와 약화된 왕권을 살리자는 목적을 지니고 있었다. '모든 사람은 평등하다'라는 사상을 지닌 동학은 1789년에 발발한 프랑스 혁명과 비슷한 부분이 상당히 많으면서도 본질은 완전히 다르다.

동학의 수뇌부들은 애초부터 서양에서 들어온 기독교 계통의 종파를 사학邪學으로 보고 있었다. 그러다 보니 같은 한국인이지만 기독교 계통 종파에 속하면 같은 민족으로 보지 않고 배척했다. 또한 동학 운동의 정치적 목표는 종교를 기반으로 하는 공동체였다. 동학 운동에 가담한 승려들이 있다는 역사적 자료들이 존재하지만 동학 봉기는 프랑스 혁명처럼 오직 정치적인 세력의 움직임으로만 보기는 힘들다.

19세기 말 외세에 의해 동학 운동이 진압되면서 큰 실패를 입은 동학 수뇌부는 사상적 리모델링의 필요성을 느꼈고, 동학의 3대 교주 손병희는 망명 기간 동안 개화파 인사들과 교류하면서 많은 영향을 받았다.

교주를 중심으로 한 고위급 인사들의 이러한 경험 덕분에 동학은 20세기가 되면서 내부적으로 개혁을 해 1905년 '천도교'라는 이름으로 새 출발을 하게 된다. 서양 문물에 거부감을 없애고 민족의식을 바탕으로 기독교 계통 인사들과 화합하기도 했다. 손병희를 위주로 동학은 민족 대표 33인을 구성하는 데 많은 공을 세웠다.

1919년 3월 1일, 민족 대표 33인이 독립선언을 했다고 해서 나라의 독립이 당장 이루어진 것은 아니다. 하지만 이를 계기로 나라의 독립을 위해 기본적으로 필요한 민족의식이 온 국민에게 심어졌다. 구한말부터 시작된 태극기 제작, 한국 민족 기원의 연구, 동학 운동, 대종교의 개천절 창시 등 민족의식을 심어 주는 작업들이 뱃속에 태아를 만들고, 그 태아는 1919년 3월 1일에 태어나 독립을 향해 나아가는 신생아가 되었다. 그래서 나는 1919년 3월 1일을 '근현대적인 한국 민족의식의 생일'이라고 표현하고 싶다.

삼일절과 프랑스 혁명 기념일

앞에서도 말했듯이 한국 사람들은 삼일절을 통해 기억하고자 하는 것이 많다. 그중에서 가장 큰 의미는 3.1 운동을 통해 드디어 민족의식이 한국인들 마음에 새겨진 것이라고 할 수 있다. 이러한 면에서 볼 때 삼일절은 프랑스 혁명 기념일과 비슷하다고 생각한다.

세속주의 성향이 강한 프랑스의 13개 공휴일은 상당수 종교와 관련되어 있다. 13개의 공휴일 중 노동절, 휴전 기념일, 유럽 전승 기념일 그리고 혁명 기념일, 이 4개만 종교와 관련이 없다.

5월 1일 노동절은 굳이 설명할 필요가 없으므로 생략한다. 휴전 기념일은 1차 세계대전이 종전된 날로, 매년 11월 11일에 경축한다. 한국 사람들이 초콜릿이 발린 막대과자를 사서 즐겨 먹을 때 프랑스 사람들은 1차 세계대전이 끝난 것을 기념한다. 유럽 전승 기념일은 예상한 바와 같이 2차 세계대전의 승리를 기리는 날로, 매년 5월 8일에 경축한다. 마지막으로 혁명 기념일은 바스티유 기념일Bastille Day이라고도 부른다.

그러면 바스티유는 프랑스 민족의식이나 혁명과 무슨 관계가 있는 걸까? 이에 대한 대답을 찾기 위해 18세기 중순 프랑스로 들어가 보자.

프랑스 민족주의의 탄생 배경

1715년 어린 나이로 왕위에 오른 루이 15세는 25여 년 동안 자기 뜻대로 프랑스를 다스리지 못했다(1723년 2월, 법률적으로 성년이 될 때까지 섭정인 오를레앙 공 필리프 2세가 나라를 다스렸다.). 그러나 그 이후 1774년 죽음으로 권력을 놓기 전까지 루이 15세는 프랑스에 엄청나게 많은 변화들을 몰고 왔다.

화려한 삶에 집착한 이 프랑스 국왕은 미술이나 예술 활동을 확산시키는 데 국가 예산을 거의 쏟아부었다. 이는 혈세가 낭비되는 단점도 있었지만 그 당시 프랑스에 계몽주의를 확산시켰고, 그 결과 귀족층에 속하지 않는 엘리트 집단이 나타나게 되었다. 중산층으로 불릴 수 있는 이 계몽된 엘리트 계층의 탄생은 프랑스 민족주의 초기 단계라고 봐도 과언이 아니다.

여기에서 놓치면 안 되는 중요한 사실이 있다. 당시 훨씬 진보적이었던 영국 사회의 사상가들이 프랑스 사회에 큰 영향을 미쳤다는 사실이다. 이미 자연스럽게 형성된 입헌 군주제는 물론이고, 왕가에서 독립한 영국의 시민의식은 프랑스 지식인들로 하여금 프랑스 왕가와 대립하게 한 원인이 되기도 했다. 이에 대한 뒷받침으로 프랑스의 역대 사상가 볼테르를 예로 들고자 한다.

프랑스 혁명 전에 별세한 볼테르는 3년 동안 영국으로 망명한

적이 있다. 그는 영국의 입헌 군
주제를 깊이 관찰하면서 동시
에 영국 사상가들을 열심히 연
구했다. 자만감이 강한 볼테르
가 과학자이자 열렬한 계몽주
의 사상가인 아이작 뉴턴에게
한 찬양은 주목받을 만하다.

볼테르나 루소 같은 프랑스
혁명의 상징적인 사상가들을
보면 영국 지식 사회의 영향력
이 뚜렷이 보인다.

영국 사회에 관심이 많았던
프랑스의 사상가 볼테르

여기서 한 가지 더 언급해야 될 것은 인쇄 기술의 대중화이다.
베네딕 앤더슨이 《상상의 공동체》에서 잘 서술했듯이 인쇄 기술
의 대중화는 현대적인 민족주의 확립에 엄청난 영향을 미쳤다.

예전에 출판은 오직 국가 기관이나 종교 기관에게만 주어진 특
권 같은 것이었다. 그러나 기술의 발달과 함께 인쇄 기술이 발전
하고 대중화되면서 귀족이나 종교인이 아닌 일반 사람들도 자신
의 생각을 유포할 수 있는 환경이 조성되었다. 이는 국가와 종교
의 감시에서 벗어나 국민들이 자기들끼리 소통하고 생각을 공유
할 수 있게 되었음을 의미한다. 즉 왕정이나 종교가 국민을 통합

시키는 역할이 약해지고 민족주의 의식이 자랄 수 있는 토대가 생긴 것이다.

경제난으로 민심을 잃은 프랑스 왕

1774년 국왕 루이 15세가 죽고, 그의 손자 루이 16세가 즉위하면서 혁명에 필요한 환경이 모두 갖추어졌다. 이는 그 시절 유럽의 상황을 보면 알 수 있다.

1740년에 시작하여 1748년에 끝난 '오스트리아 왕위 계승 전쟁'은 유럽 대륙 곳곳은 물론이고 북미와 인도에도 전투 현장을 만들었던, 거의 모든 유럽의 강대국이 얽힌 전쟁이다.

이 전쟁에서 프랑스군은 많은 승리를 거뒀지만 전후에 체결된 엑스라샤펠 조약Treaty of Aix-la-Chapelle에서 프랑스가 얻은 것은 극히 적었고, 그러다 보니 파리 사람들은 이를 '평화에 따른 바보짓'이라고 칭하기도 했다. 그나마 프랑스가 확실하게 얻은 한 가지가 있다면 영국에게서 빼앗은 인도 식민지 지역이었으나 이마저도 식민지 분배 문제를 두고 다시 전쟁이 일어났다. 바로 '7년 전쟁'이다.

1756년에 시작하여 1763년 파리 조약으로 끝난 7년 전쟁은 일종의 세계대전이었다. 18세기는 세계 곳곳에서 전쟁이 일어났다. 프랑스와 영국이 식민지 패권을 두고 싸웠고, 독일-오스트리아-러시아가 유럽의 패권을 차지하기 위해 전쟁을 벌였다.

이 전쟁에서 최종 승자는 영국이었다. 전쟁에서 진 프랑스는 많은 식민지를 영국에게 넘겼고, 두 차례 큰 전쟁을 치르느라 프랑스 경제는 매우 악화되었다. 그리고 경제난은 왕정이 민심을 잃게 된 큰 계기가 되었다.

부르주아의 탄생

여기에 프랑스 국민들을 혁명으로 이끈 또 하나의 도화선이 있었다. 바로 루이 16세와 마리 앙투아네트이다.

프랑스보다 보수적인 나라에서 자란 마리 앙투아네트는 진보적인 프랑스 사람들의 뜻을 이해할 수 있는 사람이 아니었다. 프랑스 사람들은 여왕을 싫어했다. 신성 로마 제국 황제의 여동생인 그녀는 계속되는 경제난 속에서도 여전히 지나치게 화려한 삶을 추구했고 이는 프랑스 사람들을 더욱 자극했다. 더군다나 이 외국인 여자는 왕에게 아들을 낳아 주지 못하고 있을 뿐더러 오히려 불륜 소문까지 더해지면서 프랑스 사회를 혼란에 빠트리고 있었다.

루이 16세

루이 16세는 할아버지 루이 15세만큼도 정치를 모르고 있었다. 강한 리더십을 보여 주지 못한 루이 16세는 프랑스 사회에 퍼져 있는 분노를 개혁을 통해서 극복하려고 했다.

여기서 중요한 점은 개혁의 범위이다. 박사 학위를 4개나 받은 자현 스님이 명언과도 같은 말을 했다.

"종교는 위기를 느낄 때 개혁할까 말까 고민한다. 이때 화끈하게 개혁을 하든지 아니면 꼴통보수로 가야 한다. 왜냐하면 어설프게 개혁을 하면 무조건 망하기 때문이다."

루이 16세의 가장 큰 실수는 어설프게 개혁을 했다는 점이다. 그는 정치적 분노를 확산시킨 사상가들을 전직 왕처럼 괴롭히거나 압박하지도 않았고, 영국의 진보적인 입헌군주제를 바로 받아들이지도 않았다.

게다가 프랑스는 영국을 견제하는 차원에서 미국 독립전쟁

(1775~1783)에 개입을 했고, 이미 악화된 경제는 완전히 흔들리게 되었다. 이에 프랑스 왕정은 세금을 높이기 위해 1789년 5월 5일 어쩔 수 없이 의회를 모이게 했다.

1614년 이후로 모인 적이 없는 의회에는 귀족, 종교인 그리고 일반인도 들어가 있었다. 의회가 모인 순간부터 이미 분위기가 좋지 않았다. 프랑스 전체 인구의 3퍼센트에 불과한 귀족과 종교인을 일반인과 같은 비율로 모이게 한 것이 화근이었다(이 3퍼센트의 귀족이 90퍼센트의 부를 소유하고 있었다.).

이 의회는 200년 넘는 지금까지 세계 정치에 영향을 미친 상징적인 의미가 되었다. 왜냐하면 1789년에 열린 이 의회를 계기로 새로운 계급이 나타나 정치에 직접 개입했기 때문이다. 바로 부르주아 계층이다(그때까지만 해도 사회 구조는 귀족, 종교인, 일반인, 노예 계층으로 분류되었다.).

귀족도 아니고 농부도 아닌 이들은 무역을 통해 엄청난 경제력을 획득했고 사회에 나름 영향력을 행사하고 있었다. 부르주아들은 훗날 마르크스가 출간한 《자본론》이라는 명작에서 내세운 공산주의의 핵심적인 키워드가 되었다.

국민들이 이끈 혁명으로 탄생한 민족주의

다시 1789년으로 돌아가 5월부터 몇 차례 모인 의회는 논쟁만 하고 아무런 진전이 없었다. 귀족과 종교인들은 왕정의 주장을 내 세우고 있는 반면, 부르주아와 농부들은 왕의 절대적 권리를 모든 문제의 원인으로 삼고 있었다.

당시 계몽주의자이자 유일하게 귀족 출신이 아닌 장관으로 프 랑스 국민의 신임을 얻은 정치인이 있었다. 재무총감이었던 자크 네케르Jacques Necker이다. 스위스 출신 은행가였던 그는 프랑스 국채 를 세금을 더 거두지 않고 대출업을 통해 해결하려 했고 국가가 관 리하는 연금을 설립하기도 한 개혁적인 정치인이다.

기득권의 저항과 마리 앙투아네트의 압력을 받아 1781년 사임 한 그를 프랑스 왕정은 민심을 생각해 1788년 8월 복직시킨다. 그 러나 네케르의 개혁 정책은 제대로 열매를 맺지 못하고 이듬해인 1789년 7월 11일 두 번째로 해임된다.

네케르의 해임 전까지만 하더라도 의회에 참가한 부르주아와 농부들은 새로운 헌법의 필요성 등 체제적인 개혁을 내세우고 '국 민의 선언'까지도 선포한 상태였다. 그러나 프랑스 왕정은 그들을 무시했고 그들 또한 왕정을 무시하는 정치적 소요가 발생했다. 이 런 상황에서는 반드시 내전이 뒤따르는 법이다.

바스티유 교도소를 습격하면서 프랑스 혁명이 시작되었다.

왕정이 일반인 자격으로 의회에 참석한 의원들과 그들이 모은 프랑스 시민을 해산시키려고 8만 명의 부대를 준비하고 있다는 소식이 들리자 이들도 2만 8,000명의 국민호위부를 바로 모집했다. 그리고 그 순간 들린 네케르의 해임 소식은 이미 분노에 빠진 시민들을 심하게 자극해 폭도하게 했다. 광장에 모인 프랑스 국민들은 분노에 휩싸여 7월 14일 바스티유 교도소로 향했다. 프랑스 혁명의 시작이다.

프랑스 인권선언문

바스티유 교도소로 향한 이유는 두 가지였다. 첫 번째는 바스티유 교도소가 반체제 인물들이 투옥되어 고문을 받은 곳으로 프랑스 왕정의 어두운 얼굴을 상징하는 곳이기 때문이다. 두 번째 이유는 총을 쏘기 위해 필요한 화약이 그곳에 있었기 때문이다.

파리 시민들은 바스티유 교도소를 습격해 거기에 잡혀 있는 반체제 인물을 구출하고 교도소 담당 장군을 잡아 죽을 때까지 집단 폭행했다. 그리고 죽은 장군의 머리를 참수해서 도심에 전시했다. 이 사태는 파리 시민들이 무장하여 프랑스의 권력을 실질적으로 잡았다는 의미가 있다.

이후 1789년 8월 26일에는 '인간과 시민의 권리선언'을 채택해 자유, 평등, 사유재산의 불가침성, 압제에 저항할 권리 등을 천명했고, 1792년에는 왕정이 폐지되고 공화정이 선포되었다. 이 과정에서 프랑스 왕가는 오스트리아와 접촉하다가 걸려 매국죄로 루이 16세는 1793년 1월에, 마리 앙투아네트는 같은 해 7월에 사형당했다.

1789년에 발생한 바스티유 습격 사태는 그 다음해인 1790년부터 왕이 참석하는 국경일로 수도 파리 곳곳에서 경축되었다. 파리 시민들이 주도한 이 혁명 분위기는 짧은 시간 안에 전 프랑스를 휩쌌다.

프랑스 국민들은 바스티유 교도소를 습격한 7월 14일을 '혁명의 상징'으로 삼고, 매년 그날을 축하한다. 그 어떤 종교적 권위나 왕족 없이 하나의 민족이라는 사실만으로 국민들을 묶을 수 있다는 것을 기억한다. 국민들이 이끈 혁명으로 프랑스에서 탄생한 이 민족주의는 전 세계로 확산되면서 모든 왕정이 잇따라 무너지는 계기가 되었고, 그 결과 세계의 지도가 변해 오늘날과 같은 질서가 형성되었다.

한국의 민족주의와 프랑스의 민족주의

이상에서 살펴보았듯이 한국의 민족주의와 프랑스의 민족주의는 발현 과정부터 다르다. 그러나 유사한 부분도 찾을 수 있다.

먼저, 프랑스의 민족주의와 한국의 민족주의는 종교가 중심적인 역할을 한 것이 아니다. 프랑스에서는 종교가 민족주의에 방해가 될 수도 있다는 위험성 때문에 오히려 배척을 당했지만 한국에서 다양한 종교인들의 노력으로 민족주의 의식이 대중화될 수 있었다. 즉 프랑스와 달리 한국에서는 종교의 다양성이 민족주의를 더 튼튼하게 만들었다고 볼 수 있다.

각 나라의 민족주의 발현 과정을 살펴보면 핵심적인 차이를 찾을 수 있다. 한국의 민족주의는 '혈통'이 중요한 역할을 한다. 한민족의 조상이 단군 할아버지라는 사실은 한국 민족주의의 핵심 포인트이다. 그러나 프랑스에서는 혈통보다 혁명에 가담하여 프랑스어를 구사할 수 있는 능력이 있다는 것만으로도 민족주의가 발현될 수 있었다.

그러나 이런 차이도 최근에 와서 많이 변하고 있다. 왜냐하면 지금의 한국에는 외국인 인재나 투자자의 귀화 혹은 결혼 이주 등과 같은 현상으로 조상이 단군 할아버지가 아닌 수많은 외국인들이 한국에서 살고 있기 때문이다. 그러다 보니 오늘날의 한국인의 정체성은 혈통보다는 뜨겁고 매운 김치찌개를 먹을 때 '시원~하다'라고 말할 수 있는 사람과 남북한 분단 문제에 가슴 아파하는 감정으로 보는 것이 더 맞지 않을까 싶다.

민족의식을 고취시킨 독립선언문

─ 미국 ─

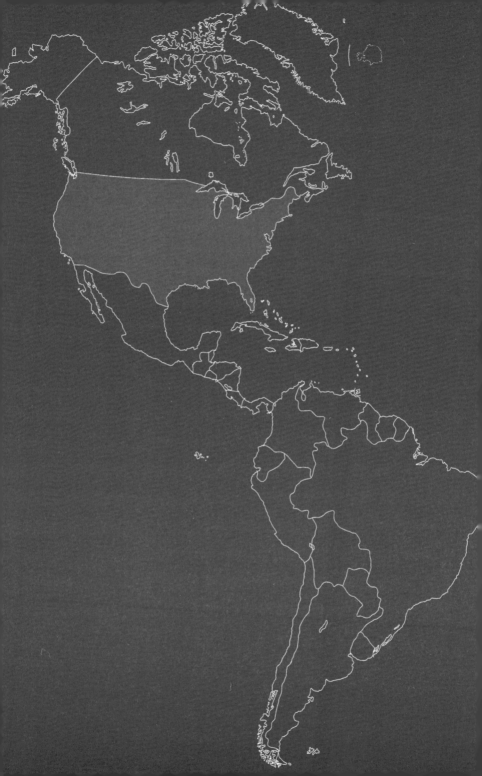

미국의 신기한 국경일 전통

미국의 국경일을 보면 신기한 점이 있다. 종교와 관련된 공휴일이거나 음력처럼 그 나라에서만 사용하는 달력에 따른 날짜 계산 때문이 아니면 한 나라의 국경일은 대개 매년 같은 날이기 마련인데, 미국의 경우 이와는 정반대이기 때문이다.

미국의 국경일 중에는 날짜가 매년 변경되는 국경일이 있다. 반면 종교적인 공휴일은 날짜가 정해져 있다. 먼저 종교적인 공휴일부터 살펴보자.

10개의 공휴일 중 2개만 종교와 관련이 있는데 바로 신년일과 크리스마스이다. 두 공휴일은 매년 날짜가 똑같다. 신년일은 1월

1일, 크리스마스는 12월 25일이다. 매년 11월 넷째 주 목요일에 경축을 하는 추수감사절을 종교적인 공휴일로 봐야 할지는 의문이다. 의미는 종교적이지만 어떤 종교에서 파생되었는지가 확실치 않기 때문이다. 명확한 것은 기독교 전통에는 추수감사절이 없다는 사실이다.

미국 건국 때부터 추수감사절을 공휴일로 만들자는 움직임이 있었지만 결실을 맺지 못했고, 에이브러햄 링컨Abraham Lincoln이 대통령이 되면서 추수감사절을 공휴일로 만들었다. 내전이 터져 같은 국민이라는 의식이 흔들리는 분위기에서 추수감사절을 공휴일로 만든 링컨의 선택은 현명하다고 생각한다.

일각에서는 1621년부터 추수감사절을 경축해 왔다고 주장하지만 아직도 미국 역사학계에서는 그 기원에 대해 설왕설래하고 있다. 그러나 추수감사절이 원주민과 이민자의 통합을 의미하는 날임은 틀림없다.

추수감사절보다 더 신기한 것이 미국의 국경일이다.

그 예로 '워싱턴 탄생일'을 들 수 있다. 미국 초대 대통령인 조지 워싱턴George Washington은 1732년 2월 22일에 태어났는데 워싱턴 탄생일은 2월 셋째 주 월요일에 경축된다. 그러다 보니 지금까지 워싱턴의 원래 생일인 2월 22일을 정확히 맞춰 경축한 적이 없다. 늘 2월 15일과 21일 사이에서 왔다갔다할 뿐.

1월 셋째 주 월요일에 경축되는 마틴 루터 킹 주니어Martin Luther King Jr의 탄생일은 그나마 낫다. 루터 목사는 1929년 1월 15일에 태어났는데, 워싱턴 탄생일처럼 1월 15일에서 1월 21일 사이에서 왔다갔다하다가 2018년에 드디어 탄생일인 1월 15일에 경축할 수 있었다.

미국 초대 대통령인 조지 워싱턴

물론 미국에 고정적인 국경일이 없는 것은 아니다. '재향 군인의 날'은 매년 11월 11일에 경축된다. 이날은 프랑스의 휴전 기념일과 비슷한 의미를 가지고 있는데 미국이 처음으로 참전한 1차 세계대전이 종료된 날로, 나라의 국익을 위해 싸웠던 재향 군인을 국가 차원에서 예우하는 날이다. 그리고 세계에서 가장 오래된 국경일인 미국의 '독립기념일' 또한 날짜가 고정된 국경일 중 하나이다.

미국 독립의 배경

삼일절을 해외 사례와 비교하다 보니 미국의 7.4절, 즉 미국 독립기념일과 한국의 삼일절이 비슷하다고 말하는 사람들도 있다. 그들이 말하는 유사점은 단순하다. 바로 '독립선언'이라는 공통점 때문이다.

영국왕 조지 3세와 영국 의회가 식민지 미국에 대한 과세와 지배를 강화하자 1776년 7월 4일 미국 대륙의회가 독립선언을 했고, 일본의 식민지 지배에 대항하여 1919년 3월 1일 한국의 민족 대표 33인이 독립선언을 했다는 자체가 비슷하다는 의미이다.

과연 이 두 나라의 독립선언은 비슷했을까? 이 질문에 답하기 전에 먼저 미국 식민지 역사에 대해 살펴보자.

왜 미국은 조국인 영국에 저항해 자기들만의 나라를 세우려고 했을까? 이는 세 가지 관점에서 살펴볼 수 있다.

첫째, 영국의 미국 식민지 증세 정책을 원인으로 들 수 있다. 17세기 초부터 미국으로 이민 온 영국인들은 새로운 땅에서 고가의 농산물을 재배하며 살았다. 이렇게 기른 농산물을 유럽으로 팔려면 영국 정부에 세금을 내야 했다. 그런데 18세기 말 영국은 유럽과 전쟁을 치르면서 발생한 경제적인 부담을 미국에 살고 있는 이들에게 증세를 하면서 극복하려고 했다. 특히 마지막 7년 전쟁을 치를 당시

미국 독립선언이 선포되었을 때의 모습

영국은 세금을 급격하게 올려 미국인들으로 하여금 할아버지들의 고향, 즉 영국에 도전장을 내밀게 만들었다.

둘째, 영국에서 발전해 온 민주주의 사회 분위기에서 원인을 찾을 수 있다. 당시 미국은 영국 땅이라는 인식이 있지만, 영국은 다른 제국과 달리 미국 식민지 통치를 자치 행정기구에 맡긴 상황이었다. 물론 미국에도 영국 총독부가 있었지만 증세 정책을 제외하고는 미국 자치 행정에 개입하지 않았다. 민주주의를 통해 자치 행정을 구성·운영하고 있던 미국은 영국보다 민주주의 의식이 더 강했다. 특히 영국 사상가들의 진보적인 생각은 영국보다 미국에서 더 큰 영향력을 미치고 있었다. 즉 민주주의가 미국에서 발전하다 보니 영국 왕에 대한 미국인들의 의존감이 약해졌다.

마지막으로, 인구 구조 관점에서 원인을 살펴볼 수 있다. 18세기 중순 미국의 인구는 이미 200만 명이 훨씬 넘었고, 영국이 아닌 현지 태생이 늘고 있었다. 미국 현지에서 태어난 사람들은 영국과 동떨어진 사회를 구성하게 되었고 이들을 중심으로 "영국으로부터 독립하면 뭐 어때?"라는 생각을 할 수 있는 분위기가 형성되었다.

이 이야기를 다른 면으로 분석하자면 프랑스에서 언급했던 부르주아 계급이 미국에서는 훨씬 두드러진 역할을 한 것이다. 무역을 통해 자본을 모은 미국의 중산층들은 영국 왕정에 큰 의미를 가지지 않았다. 오히려 미국에서 형성된 이 든든한 계층은 '미국인'이라는 의식을 자기들도 모르게 확산시키고 있었던 것이다.

즉 미국에서는 나라를 만들자는 생각까지 하지 않았지만 자연스럽게 민족의식이 형성되어 있었던 것이다. 이런 미국 사람들을 자극시킨 사건들이 1770년대 초부터 발생했다.

프랑스 혁명보다 높이 평가되는 미국 독립

1765년 영국이 선포한 인지세법Stamp Act이 미국 독립의 첫 단추가 되었다. 이제 미국은 유럽으로 수출하는 물품뿐만 아니라 유럽에서 수입되는 물품에도 영국에 세금을 내야 했다. 그리고 이때부터 미국에서는 영국에 대한 반감이 심해졌다. 하지만 영국은 미국 증세 정책을 더 강화했다.

1770년대가 되면서 특히 보스턴 지역을 중심으로 미국 시민과 영국 왕정 사이에 유혈 사태가 일어나기가 시작했다. 1774년 영국의 증세 정책으로 발생한 충돌 분위기를 해결하기 위해 각 식민지에서 온 54명의 대표가 모였다. 이 모임을 '1차 대륙의회'라고 부른다. 그리고 1년 후인 1775년에 열린 '2차 대륙의회'에서 이들은 영국군과 식민지 시민 사이에 벌어질 가능성이 있는 내전에 대해 논의했다. 그 결과 대륙의회에 복종하는 '군대 창설'이라는 의제가 나왔다.

1775년 공식적으로 시작된 미국-영국 전쟁만 하더라도* 처음에는 독립전쟁의 성향을 띠지 않았다. 2차 대륙의회에서는 여전히 본국과의 화해의 길을 모색하고 있는 상황이었다. 전 세계에서

---

* 1775년 4월에 발생한 렉싱턴 콩코드 전투를 일컫는다.

막강한 군사력을 가지고 있는 영국과 오랫동안 싸울 수 없다고 판단했기 때문이다.

그러나 미국의 의식 있는 대표들은 생각이 달랐다. 벤자민 프랭클린, 존 애덤스, 로저 셔먼, 로버트 리빙스턴, 토마스 제퍼슨 등은 영국으로부터의 독립을 주장했다. 물론 그때까지만 해도 미국인의 20퍼센트가 영국 왕정을 섬기고 있었기 때문에 독립은 쉬운 일이 아니었다.

독립이냐, 합의냐를 두고 논쟁을 계속하다가 결국 미국은 (중간에 영국이 평화를 제안한 적도 있었지만) 독립하기로 결정하고 1776년 7월 4일 대륙의회가 독립선언을 하면서 유턴할 수 없는 운명의 길로 들어서게 되었다.

영국과 벌인 독립전쟁에서 미국이 프랑스와 맺은 군사적 동맹은 미국 독립에 핵심적인 역할을 했다. 프랑스가 미국과 수교를 맺고 건국을 승인하면서 양국 간에 교류는 활발해졌다. 그러다 보니 미국에서 발생한 '동등한 국민의식'이 프랑스로 넘어가기도 했다.

국민들이 모여 반란을 일으키고 왕을 재판하여 사형시킨 후 공화정을 선포한 프랑스 혁명은 전 세계적으로 큰 영향을 미쳤다. 그렇기 때문에 민족주의 기원을 프랑스 혁명에서 찾는 학자들이 많다.

하지만 나는 민족주의 기원을 미국의 독립선언에서 찾는다. 왜냐하면 미국의 독립이 프랑스 혁명에 나선 사람들에게 큰 용기를 주었기 때문이다. 즉 영국의 사상적인 배경과 미국의 실천적인 경험이 프랑스 혁명을 성공으로 이끌었던 것이 아닐까 싶다.

미국 독립을 프랑스 혁명보다 높이 평가하는 또 다른 이유는 바로 반대파의 숙청 때문이다. 미국이 독립을 결정했던 당시 국민의 20퍼센트는 독립을 원하지 않았고 영국 왕가에 성실했다. 독립 이후 이러한 반대파의 숙청이 있었을 때 미국은 흔들리지 않았다.

그러나 프랑스는 미국과 정반대였다. 프랑스 국왕이 피신가다가 체포되는 과정에서 혁명 세력은 엄청난 안보의 위기를 느꼈다. 이들은 왕가에 성실한 국민들을 무조건 죽였다. 일부 지역에서는 대학살이 일어났다. 파리 시내에서도 거의 매달 800여 명이 왕당파라는 의심을 받아서 사형당했다.

그중에서 왕당파라는 이유로 감옥에 간 정치범들이 학살당한 9.2 학살(1892)과 왕당파와 공화파가 벌인 방데 전쟁 중에 일어난 대학살(1793~1796)은 유명한 사건이다.

혁명위원회는 아동, 여성, 노인 구분 없이 죽이라는 명령을 내렸고, 인류 역사는 이를 '최초의 법적인 학살'이라고 등재했다. 급진 혁명 세력의 지도자인 막시밀리앵 드 로베스피에르Maximilien de Robespierre는 이 현상을 '현명한 테러'라고 규정하고 응호했으나 온건 혁명 세력은 프랑스를 공포에 몰아넣은 이들을 제거하면서 다시 프랑스를 정상화시켰다. 혁명으로 프랑스 국민들은 스스로를 다스리게 되었지만 그 성공 뒤에는 수많은 무고한 시민들의 피와 억울한 죽음들이 숨어 있는 것이다.

다시 국경일 이야기로 돌아가서 오늘날 전 세계에서 경축되는 국경일 중 미국의 독립기념일이 가장 오래되었고, 그 다음이 프랑스의 바스티유 기념일이다.

미국은 1776년 7월 4일 독립선언을 한 후 바로 독립한 것은 아니지만, 미국인들에게 그날은 독립기념일인 동시에 '미국인'이라는 민족의식이 공식화된 날이다. 프랑스도 마찬가지이다. 1789년 7월 14일 바스티유 교도소를 습격한 후 바로 왕정이 폐지되고 공화정이 건국되지는 않았지만, 7월 14일은 프랑스 혁명 기념일인 동시에 '프랑스 시민' 탄생의 날이기도 하다.

미국의 독립선언과 한국의 독립선언의 차이

독립선언이 곧바로 나라의 독립으로 이어지지 않았다는 관점에서 보면 미국의 독립기념일과 삼일절은 비슷한 면이 많아 보인다. 1919년 3월 1일 민족 대표 33인이 독립선언을 했다고 해서 한국이 독립을 이룬 것은 아니지만 한국인에게 3월 1일은 민족의식이 탄생하고 독립으로 가는 첫 날이기 때문이다.

여기서 한국 역사를 잘 모르는 사람들은 3.1 운동으로 인해 한국이 독립할 수 있었다는 관점에 의문을 품고 '일본이 2차 세계대전에서 패망하지 않았다면 한국이 독립할 수 있었을까?'라는 질문을 던진다. 이는 기분 나쁘지만 아주 재미있

대한민국 초대 대통령 이승만의 연설 모습

는 질문이기도 하다. 이 질문에 대한 답변은 일본 오키나와에서 찾을 수 있다.

일본은 오늘날 오키나와에 위치한 류큐 왕국을 1879년에 강제 합병했다. 오키나와 사람들은 조선 사람들처럼 일본인들과 다른 민족이다. 그러나 오키나와에서는 민족의식이 널리 확산되지 않았다.

2차 세계대전의 패전으로 일본이 연합군에게 항복한 이후 오키나와는 미국의 영토가 되었고, 1972년 미국이 반환한 오키나와는 지역 주민들의 지지를 얻어 일본과 합병되었다. 물론 아직도 일본에게서 독립해야 한다고 생각하는 오키나와 사람들이 있지만 소

수에 불과하다. 다시 한국과 비교해 보면, 한국 사람들이 발전시킨 민족의식이 오키나와에서도 뚜렷이 있었다면 대한민국 초대 대통령 이승만이 1945년 연설에서 언급한 "류큐국도 언젠가는 독립할 것이다."라는 예언이 정말로 실현되었을지 모른다.

오키나와 상황만 보더라도 일본군의 철수가 독립을 위한 필수 조건은 아니다. 군사 철수 이전에 민족의식이 필요하다. 그러므로 삼일절은 단순한 독립운동이 아니라 한국의 민족의식을 탄생시킨 사건이자 독립으로 가는 첫발이었던 것이다.

그러나 삼일절은 미국의 독립기념일과는 다르다. 1776년 7월 4일에 선포된 독립선언은 미국인들의 첫 독립선언이었고, 1919년 3월 1일에 선포된 한국의 독립선언은 한국인들의 첫 독립선언이 아니었기 때문이다. 또 다른 점은 미국의 독립선언을 선포한 기관은 미국의 합법적인 대표 기관인 대륙의회였지만, 한국의 독립선언은 그렇지 않았다는 것이다. 민족 대표 33인은 한국을 대표한다고 할 수 있지만 합법적으로 대표성을 가진 기관의 책임자들은 아니었다. 즉 한국에서는 그때까지 독립을 합법적으로 선포할 수 있는 기관이 생겨나지 않았다.

미국 독립선언문

3.1 운동의 바탕이 된 대동단결선언과 2.8 독립선언

1919년 민족 대표 33인이 선포한 독립선언 전에도 대한제국에
서는 몇 차례 독립선언이 선포된 바 있다. 그중 하나가 '대동단결
선언'이다. 1917년 7월에 선포된 대동단결선언은 한국이 군주주
의에서 공화주의로 향하게 만든 큰 전환점이다.

1910년 일본에게 주권을 빼앗긴 후 만주 지역으로 피신을 간
독립운동가들은 권업회, 대한광복군, 간민회 등 다양한 단체들을
결성하여 독립운동을 끊임없이 하고 있었다. 그러나 1차 세계대
전이 터지고 일본이 만주 지역에 진출하면서 이들 대다수가 해체
되었다.

이상설은 또 다른 형태의 독립운동 방법을 모색하다가 고종 황
제의 망명을 추진하기도 했다. 그러나 1915년 고종 황제와 접촉하
기 위해 다시 경성으로 간 신한혁명당의 외교부장 성낙형이 발각
되고, 이상설이 별세하면서 독립운동가들은 다시 한 번 새로운 방
안을 찾기 시작했다. 이 과정에서 나온 것이 신규식, 조소앙, 신석
우, 한진교를 중심으로 그 당시 유력한 14명의 지식인들이 선포한
'대동단결선언'이다.

이 선언의 내용을 보면, 더 이상 이씨 왕조에 대한 기대를 하지
않고 국민 스스로가 운명을 결정하겠다는 욕구가 보인다. 순종 황

제가 주권을 포기했다고 해서 국민이 그 뜻을 따라야 할 의무가 없다는 것을 명백히 하고, 나라의 주권을 되찾기 위해 싸우겠다는 것이 주요 내용이다.

대동단결선언은 독립선언은 아니지만 한국 지식인들이 민족이 처한 상황을 뚜렷하게 인식하고 국민끼리 뭉쳐 외세의 지배를 극복하겠다는 다짐을 선포했다는 점에서 큰 의미가 있고 독립선언과 맥을 같이한다. 그러나 아쉽게도 이 선언은 대중적인 영향을 끼치지는 못했다.

한편 1차 세계대전 이후 민족자결주의의 확산으로 외세 지배에 대한 한국 지식인들의 분노는 독립을 향한 열망으로, 그 열망은 독립선언으로 표현되기 시작했다.

이중 가장 눈에 띄는 것이 무오독립선언서로 알려진 '대한독립선언서'이다. 1919년 2월 1일, 해외에서 독립운동을 하고 있던 지식인들을 중심으로 대한독립선언서가 발표되었다. 이 선언에 참여한 사람들 중에는 이씨 왕조의 복원을 지향하는 사람도 있었고 일본의 압박 때문에 가명으로 서명한 사람도 있었지만, 특정 종교에 치중되어 있지 않고 다양한 종교에서 독립운동을 하는 사람들이 참여했다는 점에서 또 하나의 의미를 찾을 수 있다. 사상이나 종교를 떠나 조국의 독립을 목표로 뭉쳤다는 증거이기 때문이다.

대한독립선언서가 일차적으로 영향을 미친 것이 '2.8 독립선

2.8 독립선언을 발표한 조선청년독립단

김구와 함께 활동하고 있는 김규식

조소앙

언'이다.

당시 도쿄에서 유학 중인 한국 학생들은 미국과 소련이 내세우는 민족자결주의 사상을 중심으로 자체 조직을 꾸려 독립운동을 준비하고 있었다. 1차 세계대전 후에 열린 파리 강화회담(혹은 베르사유 평화회담)에 참여하기 위해 1919년 1월 김규식이 상하이에서 출발했다는 사실이 이미 지식인과 유학생들에게 알려져 큰 용기를 준 상황이었다.

대한독립선언서에서 핵심적인 역할을 했던 사람들 중 조소앙은 김규식의 지시로 일본에 건너가서 유학생들과 접촉했고, 차후 친일 행적을 많이 했지만 그 당시에는 독립운동가로 활동했던 소설가 이광수를 중심으로 한국 유학생들은 1919년 2월 8일, 조선기독교청년회관(現재 재일본한국 YMCA)에서 2.8 독립선언을 하기에 이른다.

각종 언론사, 대사관, 정치인들에게 발송된 이날의 독립선언은 일본의 강력한 탄압을 불러일으켰다. 독립선언을 한 2월 8일 오후에 YMCA에서 총회와 독립에 대한 토론이 계획되어 있었지만 일본이 가만있을 리 없었다. 당장 현장으로 달려온 일본 경찰은 모임을 강제 해산시키고 60여 명을 검거했다. 그때 모인 학생 수가 500여 명으로 추측되므로 검거된 학생의 수는 10분의 1을 넘는다.

이때 체포되지 않는 학생들은 2월 12일과 2월 19일 양일에 걸

2.8 독립선언의 성지인 재일본한국 YMCA 회관

처 히비야 공원에서 만세운동을 벌이면서 경찰과 대치했다. 일본에서 한국 유학생들이 탄압을 받는다는 소식이 퍼지면서 국민들의 반일 감정은 더욱 커졌다.

3.1 독립선언서(기미독립선언서)를 이야기할 때 2.8 독립선언과 재일 유학생들의 투쟁을 빼 놓으면 크나큰 역사적 실수를 하는 것이다. 왜냐하면 이 사건들은 3.1 운동을 할 수 있는 환경을 만드는 데 엄청난 기여를 했기 때문이다. 그 후 3월 1일 서울에서 선포된

독립선언을 통해 독립운동은 더 이상 지식인 계층의 활동이 아니라 온 국민이 함께하는 민족적인 과제가 되었다.

한국 사람들은 미국인들처럼 전쟁에 전면적으로 나서지는 않았지만 국제 정치 무대에서 독립을 인정받기 위한 합법적인 테두리를 만들려고 잇따라 독립선언을 선포했다. 이 독립선언들이 당장 나라를 독립으로 이끌지는 못했지만 독립운동의 대중화와 독립의 국제적인 정당성을 확보하는 데는 상당한 영향을 미쳤다.

결과나 과정에서 미국의 독립선언과 3.1 독립선언은 완전히 다른 양상이었지만 상징이나 의미로 봤을 때 미국과 한국의 독립선언은 유사하다고 볼 수 있다.

종교가 이끈
독립운동

― 멕시코 ―

색다른 천주교 풍습이 있는 멕시코

합기도를 배우기 위해 합기도 도장을 다닐 때 KAIST에서 박사 과정을 마친 멕시코 아저씨를 만난 적이 있다. 태권도에 비해 덜 알려진 합기도를 몇 십 년 동안 훈련하고 있다는 말에 신기하다고 생각했다. 합기도를 어떻게 알게 되었냐고 물어보니 멕시코에 한 국 사람들이 많이 사는데 그들이 운영하는 도장에서 합기도를 처 음 접했다고 했다. 치안이 좋지 않은 멕시코에서는 무조건 무술을 배워야 한다고 덧붙였다.

멕시코에 한국 사람들이 많은 이유는 박정희 대통령 시절 아르 헨티나에 큰 영토를 구입해 사람들을 남미로 이주시킨 적이 있기 때문이다.

합기도 아저씨말고도 남미 그중 특히 멕시코나 아르헨티나에서 태어나고 자란 한국인들이 주변에 많이 있다. 대학원에서 같은 수업을 들었던 친구도 있고, 방송 출연을 하면서 만난 친구도 있다. 그 친구들과 시간 날 때마다 양국을 비교해 보곤 했다. 한국과 멕시코는 비슷한 점이 많은데 특히 양국의 국경일에 유사한 점이 매우 많았다.

멕시코 공휴일을 살펴보면 일반적인 천주교 문화권 나라에 비해 색다른 모습을 가지고 있다. 많은 기독교권 나라들과 마찬가지로 멕시코에도 예수님이 십자가에 매달린 날을 기념하는 '성금요일'을 공휴일로 정해 놓았다. 그리고 성금요일 전날인 목요일도 공휴일에 포함된다. 성금요일은 크리스마스처럼 매년 고정된 것이 아니라 천주교 달력에 따라 매년 바뀌지만 주로 3월 말에서 4월 말 사이에 해당된다.

멕시코에는 다른 천주교 문화권 나라에는 없는 종교적인 날이 있다. 바로 '과달루페의 성모 기념일'이다.

1531년 성 후안 디에고 신부가 멕시코시티 근처에 있는 테페약 언덕에서 성모 마리아의 환상을 봤다. 처음에는 믿기지 않았지만 몇 번이나 환상을 보았고, 이런 디에고 신부의 경험은 멕시코 구석구석에 퍼져 나갔다.

이 이야기는 천주교가 멕시코에서 확산되는 데 영향을 미쳤다고 전해진다. 멕시코 사람들은 디에고 신부에게 찾아온 성모 마리아 환상을 '과달루페의 성모'라고 부르고 매년 12월 12일에 기념한다.

과달루페의 성모

공식적인 공휴일은 아니지만 멕시코 국민 전체가 애도하고 경축하는 축제가 있다. 이 축제에 대한 이야기는 한국에서도 〈코코〉라는 애니메이션 영화로 개봉된 적이 있는데, 바로 '망자의 날'이다. 천주교에서는 망자의 날을 '모든 성인 대축일'이라고 부르며 행사를 치른다. 하지만 많은 인류학자들은 이 축제의 기원을 아스텍 문명에서 찾고 있다.

과달루페의 성모와 망자의 날을 접하고 난 뒤 나는 천주교에 대한 생각이 바뀌었다. 위계적인 조직 탓에 천주교의 모든 풍습이 바티칸 중심으로 이루어지고 그러다 보니 지역 특색에 따른 특정한 종교 의식이 생기기 힘들 것이라고 생각했는데 멕시코의 사례를 접한 후로는 그 생각을 접었다.

삼일절과 유사한 멕시코의 독립기념일

멕시코의 세속적인 국경일을 살펴보자. 미국과 마찬가지로 멕시코에서 가장 훌륭하다고 평가받는 대통령인 베니토 후아레스Benito Pablo Juárez García의 생일뿐만 아니라 근대에 일어난 정치적인 사건들도 국경일로 경축되고 있다.

매년 11월 셋째 월요일로 정해 놓은 '혁명의 날'은 멕시코를 34년 동안 독재로 다스린 포르피리오 디아스Porfirio Díaz의 정권을 종식시킨 멕시코 혁명을 경축하는 날이다. 한국에서 매년 '6월 민주화 항쟁'을 축하하는 것과 비슷하다.

한국의 삼일절과 유사한 날은 매년 9월 16일에 경축되는 '독립기념일'이다. 이 두 국경일이 비슷한 이유는 한국에서든 멕시코에서든 독립선언이 독립으로 바로 이루어지지 않았기 때문이다. 또한 독립선언 이후에도 그 정신을 이어받은 독립운동가들이 지속적으로 독립 활동을 했다는 사실도 유사점 중 하나이다.

지배층의 종교가 비지배층을 독립시키다

멕시코의 이야기를 좀 더 들여다보자. 2만 년 전 인류가 쌓은 아

베니토 후아레스 대통령은 멕시코에서 가장 존경받는 인물 중 한 명이다.

아스텍 문명으로 꽃을 피운 멕시코는 16세기 스페인이 이 지역으로 진출하면서 식민지가 되어 혹독한 시련을 겪었다.

스페인은 남아메리카 대륙을 식민지로 삼아 4개의 부왕령으로 통치하고 있었는데, 스페인어로 'Viceroyalty(부왕령)'은 일본이 우리나라를 지배하면서 세운 총독부라고 생각하면 된다.

스페인 제국은 북쪽에서 남쪽으로 가면서 멕시코와 그 주변을 '누에바 에스파냐 부왕령', 콜롬비아와 그 주변을 '누에바 그라나

돌로레스 성당 앞에서 독립 연설을 한
미겔 이달고 이 코스티야 신부의 동상

다 부왕령', 페루와 칠레의 일부를 '페루 부왕령' 그리고 아르헨티나를 '리오 데 라 플라타 부왕령'으로 나누어 다스렸다.

누에바 에스파냐 부왕령, 즉 '새로운 스페인'은 예전 아스텍 문명이 존재했던 멕시코 영토에 수립된 것이었다. 이 지역은 다른 지역에 비해서 독립하려는 시도가 비교적으로 많았지만 그 어떤 시도도 효과가 없었고

그저 지역 지도자들의 세력 충돌에 불과했다.

그러나 1810년 9월 16일, 미겔 이달고 이 코스티야Miguel Hidalgo y Costilla 신부가 돌로레스 성당에서 독립 연설을 하고 부왕령에 전쟁을 선포하면서 상황이 달라졌다. 말하자면 반란이 일어난 것이다.

1808년부터 비밀리에 독립운동을 해 온 이달고 신부는 진보적인 신부로서 이미 많은 독립운동가들과 접촉하고 있었고, 모든 계층 주민들의 사랑을 얻고 있던 인물이었다. 그의 독립선언은 전국

적으로 계층을 불문하고 많은 지지를 얻었다.

그가 이끌어 온 혁명군은 멕시코 북쪽에서 이미 정권을 잡았고, 몽테 데 라 쿠르즈Monte de las Cruces 전투에서 스페인군에게 패배를 안겼다. 중요한 승리를 얻은 혁명군은 멕시코의 수도 근처까지 쳐들어갔다. 그러나 이때 이달고 신부는 크나큰 오판을 했다. 10만 명에 달하는 반란군에게 수도를 공격하라는 명령 대신 북쪽으로 철수하라고 지시한 것이다. 숫자로만 따지더라도 반란군이 수도에 있는 스페인군보다 훨씬 앞선 상태였다.

이달고가 군대를 북방으로 철수시킨 이유에 대해서는 아직도 역사가들 사이에 논쟁거리로 남아 있다. 그 후 스페인군에게 연달아 패배한 이달고의 혁명군은 칼데론Calderon 전쟁에서 돌이킬 수 없는 큰 패배를 입었다. 혁명군은 모두 흩어지고 이달고는 미국으로 피신을 가다가 스페인군에게 잡혔다.

이달고 신부는 사형당했지만 멕시코 사람들의 독립을 향한 열망은 가라앉지 않았다. 이달고 신부 뒤를 이어 독립운동에 나선 사람은 호세 마리아 모렐로스José María Morelos 신부로, 그는 이달고 신부와 다르게 군사 전략을 좀 아는 편이었다. 첫 9개월 동안 22개의 전투에서 이기고, 고위급 스페인 장군 3명을 포로로 잡기도 했다. 이달고 신부보다 더 큰 성공을 했다고 볼 수 있다.

모렐로스 신부는 전국 각 지역에서 온 대표들을 모아 멕시코의

이달고 신부의 뒤를 이어 독립운동에 나선 마리아 모렐로스 신부

첫 국회를 열기도 했다. 그러나 어느 순간부터 독립전쟁과 국회 내 정치적 다툼이 동시에 일어나면서 그의 영향력은 약화되었고, 1815년 테즐라마카Tezmalaca 전쟁에서 패배한 후 이달고 신부와 똑같은 길을 걷게 되었다.

이 두 신부가 일으킨 1, 2차 독립전쟁은 성공하지 못했지만 멕시코에 더 이상 끌 수 없는 독립의 불을 지폈다. 멕시코는 공식적으로 1821년에 스페인으로부터 독립했지만 1810년부터 이달고 신부가 독립 연설한 날을 독립기념일로 경축하고 있다.

멕시코 독립전쟁에서 눈여겨볼 사항은 종교의 영향이다. 정치학적으로 역사를 바라보면 지배층이 그들의 종교를 강화시키면서 비지배층을 더 지배하려고 하지 지배층의 종교가 비지배층을 독립시켜 주지는 않는다. 그리고 천주교 신부들은 교황청이 운영하는 조직에 속한 종교인이기에 바티칸의 입장을 거부할 수 없는 위치에 있다.

그 당시 교황청은 스페인 제국과 밀접한 관계를 유지하고 있었으므로 멕시코의 독립을 지지할 리가 없었다. 그러나 일부 멕시코 신부들은 교황청에 소속되어 있으면서도 바티칸의 이러한 정치적인 입장을 인정하지 않았다. 바티칸으로부터 멀리 떨어져 있었기 때문인지 멕시코 신부들 중에는 종교의 정체성을 유지하면서도 유럽의 세속주의 사상가들 못지않게 계몽주의를 받아들인 사람이 제법 많았다.

이러한 현상은 프랑스와는 완전 반대라고 볼 수 있다. 프랑스 혁명 세력 중 일부 급진파들은 오히려 종교를 악의 대상으로 삼았는데 멕시코에서는 종교인들이 혁명에 나선 것이다.

나는 멕시코의 독립기념일과 삼일절의 유사점을 독립 연설보다는 오히려 종교적 배경에서 찾았다. 참고로 말하자면, 이달고 신부가 1810년에 연설한 내용은 아직까지 정확하게 밝혀지지 않고 있다. 학자들마다 여러 버전의 연설문을 제시했지만 이는 선언문이기보다 말 그대로 연설문에 불과했고, 그렇기 때문에 3.1 독립선언과는 비교할 수가 없다.

독립에 앞장선 한국의 신생 민족 종교들

한국에서는 개신교와 불교뿐만 아니라 많은 종교가 3.1 독립선언에 영향을 미쳤다. 이미 알려진 대로 만해 스님과 전덕기 목사의 독립 열정이 가장 대표적인 사례이다.

대한민국 독립에 발 벗고 나선 신생 민족 종교로는 천도교와 대종교가 있다. 특히 대종교는 대한독립선언에서, 천도교는 3.1 독립선언에서 눈에 띄는 영향력을 발휘했다.

현재 천도교는 그나마 종교 활동을 하고 있지만 대종교는 그렇지 않다. 대종교 신자는 현재 몇 천 명밖에 되지 않는 것으로 알고 있다. 대한민국 독립에 있어 많은 공을 세운 천도교와 대종교는 왜 사람들의 기억에서 잊혀 갔을까? 종교가 이끈 멕시코의 독립운동을 보고 있자니 한국의 신생 민족 종교가 떠올랐다.

천도교에 대해서는 앞에서 언급한 적이 있다. 한국의 민족주의에 영향을 미친 동학은 천도교의 뿌리라고 볼 수 있다. 그러나 조선 말기의 동학과 1905년에 개혁을 하고 새 출발을 한 천도교는 조금 다르다.

1860년 최제우에 의해 창시된 동학은 불과 포교 3년 만에 큰 위기를 겪는다.

조선 왕조에서는 서방 종교를 사학邪學으로 규정했다. 이 관점에서 동학은 조선 왕조와 부딪히지 않았지만 '모든 국민이 평등하다'

동학을 창시한 최제우

는 원리를 내세우다 보니 나라에서는 이 신흥 종교를 '삿된 도로 정도를 어지럽힌 종교'라고 규정지어 교주 최제우를 사형시켰다.

그 후 최제우 교주의 친척인 최시형이 2대 교주가 되어 1894년 '동학 혁명'을 일으켰다. 조선 왕조는 이를 막지 못할 거라 예상하여 청나라에 도움을 요청했고, 그 결과 동학 혁명은 1년 만에 진압되었다. 김구도 이때 동학 운동에 가담하여 관군과 싸웠으나 계속 동학 운동을 하지는 않았다. 하지만 동학은 김구뿐만 아니라 많은 사람들에게 민족주의 감정을 심어 준 계기가 되었다.

1895년 동학 혁명이 진압되면서 최시형 또한 최제우처럼 사형

처형 직전의 최시형

당했다.

그리고 최시형의 제자 중 가장 현명하다고 알려진 손병희가 3대 교주 자리에 앉는다. 손병희는 교주가 되었지만 혈통으로 최씨 가문도 아니고 종단에 오래 몸담은 사람들도 있다 보니 종단을 완벽하게 장악한 상황이 아니었다. 그러다 보니 최시형의 별세 이후 종단 내부에 문제들이 생기기 시작했다.

이러한 내부 갈등을 해소하고자 1905년 동학은 '천교도'로 개편하고 교리적으로나 조직적으로 많은 개혁을 단행했다. 그 과정에서 손병희와 다르게 일본에 호의적인 입장을 지닌 인사들이 나타나 종단이 분열되었다.

종단 내 대표적인 친일파였던 송병준을 비롯하여 기타 인사들과 마찰이 생기자 손병희는 친일 인물들에게 출교 처분을 내림으로써 이들과 결별한다. 이 세력은 '시천교', '천진교' 라는 이름으로 종단을 만들었지만 둘 다 천도교만큼 영향을 미치지는 못했다.

천도교에서 만든 공휴일, 어린이날

1905년 천도교로 개칭한 교주 손병희는 서방 종교에 대해 훨씬 더 관대했고 보다 체계적인 조직 구도를 확립했다. 처음에는 개화파 인사들을 적대시했으나 손병희의 개혁으로 곧 그들과 접촉해 독립에 대한 의견을 교환하는 정도가 되었다.

손병희가 이끈 천도교는 독립운동가들과 힘을 합치면서 예전 동학 신자들에 비해 훨씬 개방적인 마인드로 신문물을 받아들였고, 이 과정에서 천도교로 입교한 개화파 인사가 생기기도 했다.

1905년 이후 손병희는 독립을 위해 출판과 민족 교육 사업 활동을 활발히 했다. 또한 1919년 3.1 운동을 추진할 때는 민족 대표단을 자신의 집에 모이게 하는 등 핵심적인 역할을 했다.

3.1 운동을 천도교의 산물로 보고 삼일절을 천도교가 만든 기념일로 보는 시각도 있지만 이는 과대 해석인 듯하다. 삼일절이 아닌 천도교가 만든 황금 같은 선물이 있기는 하다. 바로 '어린이날'이다.

어린이날은 소설가 방정환이 만들었다고 알려져 있다. 어린이 문학을 통해 독립운동에 이바지한 그는 3.1 운동 이후 아이들에게 어린 시절부터 민족의식을 길러주자는 생각으로 어린이날을 창시했다고 한다. 1927년에 창시된 어린이날은 매년 5월 첫째 일요일

3.1 독립선언서에 중추적인
역할을 한 손병희

어린이날을 만든 소설가 방정환은
독립운동가로도 활동했다.

로 정했다가 1961년부터 5월 5일로 날짜가 지정되었고, 1975년부
터 공식적인 휴일이 되었다. 그렇다면 방정환과 천도교는 무슨 관
계가 있을까?

방정환은 손병희의 사위이고, 천도교 조직에서 적극적으로 활
동한 독립운동가이다. 그리고 어린이날은 지금은 공식 휴일이지
만 당시에는 천도교를 믿는 사람들 사이에서나 지지를 받는 날이
었다.

대종교에서 만든 공휴일, 개천절

사실 한국에는 종교를 배경으로 한 공휴일이 많다. 그중 대표적인 것이 크리스마스이다. 나는 한국에 와서 처음으로 크리스마스와 석가탄신일이 있다는 것을 알게 되었다. 이날은 자신이 믿는 종교와 관계없이 한국 사람이라면 누구나 즐기는 공휴일이다.

크리스마스나 석가탄신일처럼 종교적 배경으로 만들어진 공휴일이 하나 더 있다. 바로 '개천절'인데, 사실 많은 사람들은 개천절을 단군이 고조선을 세운 것을 기념하는 날로 알고 있다. 그래서 개천절은 종교와는 상관없다고 생각한다. 하지만 개천절이 생겨난 과정을 알고도 그런 생각을 가질지는 의문이다.

일각에서는 개천절의 기원을 함경도 지역에서 음력 10월 3일에 열리는, 단군 탄생일을 축하하는 행사인 '향산제香山祭'로 보고 있지만 역사적 근거는 부족하다. 음력 10월 3일을 개천절이라고 본격적으로 명명하고 경축한 사람들은 대종교 신자들이다.

대종교는 '단군교'라는 이름으로 1905년에 설립되었지만 1910년 창시자 나철 교주가 '대종교'로 개칭한다. 그리고 이에 반대했던 정훈모가 이끌었던 종파는 '단군교'라는 이름으로 분파한다.

나철 교주는 종교적 배경이 있는 사람은 아니었다. 그는 오랫동안 관직 생활을 하면서 일제의 압박을 견디지 못하고 1904년 '유신

대종교 교주로 독립운동을 펼친 나철 교주

회'라는 비밀 단체를 조직하여 독립운동에 나섰다. 사실 그가 한 활동은 독립보다는 구국에 가까웠다. 그가 활동했던 당시는 나라의 주권이 박탈당한 것은 아니었기 때문이다. 그러나 나철의 구국 활동은 큰 결실을 거두지 못했고, 결국 1910년 일본은 본격적으로 한반도를 점령했다.

나철 교주는 1905년부터 단군을 숭배하는 종교 운동을 시작했고, 1910년 이후부터 더 적극적으로 포교를 펼쳤다. 신자 수가 많아지면서 대종교도 천도교처럼 교육 사업에 집중했다. 오늘날의 홍익대학교, 단국대학교, 경희대학교 등과 같은 대학이 대종교를 배경으로 두고 있다.

나라의 건국 조상을 모셔야 된다는 사상에서 출발한 대종교는 일종의 종교지만 사실상 독립 단체였다. 이 사실을 알아챈 일본은 곧 대종교를 탄압했다. 일제 시대에 일본에 의해 신자들이 가장 많이 살해당한 종교 중 하나가 대종교이다.

대종교가 대한민국 독립에 미친 가장 큰 영향은 민족주의의 확산이다. 대종교 이전에는 한국 민족의 기원에 대해 대중적으로 알리고자 하는 작업이 크게 이루어지지 않았고 단지 일부 지식인끼리 주고받는 토론 거리에 불과했다. 이런 환경에서 대종교의 단군 중심적인 행사와 종교 의식은 국민들의 민족주의 의식을 더 고취시킬 수 있었다.

지금은 신자가 불과 몇 천 명밖에 남지 않았고 한국의 역사를 과대평가한다는 비판을 받고 있지만, 그 당시 그들이 이루어 놓은 종교 의식은 대한민국의 국경일로 지정될 정도로 민족의식과 대한민국 독립에 큰 공을 세웠다는 사실은 부정할 수 없다.

독립을 기념하는 조지아, 광복을 기념하는 한국

― 조지아 ―

억압의 상징물 파괴되다

1990년대 초부터 동유럽에서 공산주의 정권들이 잇따라 무너지면서 결국 공산주의의 심장인 소비에트 사회주의 공화국 연방(소련)도 붕괴되었다. 동독에서는 베를린 장벽이 무너졌고, 공산권 나라 곳곳에서 공산주의 지도자들의 동상이 국민에 의해 파괴되었다. 국민들의 이러한 행동은 그동안 억압당했던 자유를 외치는 것이라고 보면 된다.

이처럼 억압을 상징하는 동상이나 건축물의 파괴는 단지 독재 정권이 무너졌다는 것만을 의미하지 않는다. 때로는 한 나라의 독립을 의미하기도 한다. 그 예로, 아제르바이잔이나 우크라이나에

레닌의 상징을 없애고 있는 아제르바이잔 시민

서는 러시아로부터 독립했다는 의미로 레닌 동상을 철거했는데, 각 나라의 국민들은 이 행위에 대해 소비에트의 종말이자 마지막 탈식민지화의 시작이라고 의미를 부여했다.

이렇게 한 시대의 상징이 몰락한 날을 억압에서 벗어난 의미 있는 날로 여겨 '독립의 날'로 경축하는 나라들도 있고, '독립 회복의 날'라고 명명하며 축하하는 나라들도 있다. 1990년 5월 4일, 소련에서 탈퇴한 날을 '독립 회복의 기념일'로 매년 경축하고 있는 라

광복 이후 정부 중앙청사로 사용되었던 조선 총독부 건물이 철거되었다.

트비아가 대표적이다.*

그렇다면 한국에서도 국민들이 나서서 억압을 상징하는 건축물을 철거한 적이 있을까? 대부분의 사람들은 이 물음에 '조선 총독부 건물 철거'를 떠올릴 것이다.

1995년 8월 15일 광복절에 김영삼 전 대통령은 조선 총독부 건

---

* 라트리아는 두 번의 독립을 경험했다. 라트리아 공화국은 1918년 11월 18일에 독립을 선포했으나, 2차 세계대전 시기 소련과 나치 전체주의 세력에 의해 나라를 점령당했고, 이후 1990년 5월 4일 소련에 의한 오랜 통치가 막을 내렸다. 말하자면 라트비아 사람들에게 5월 4일은 독립 회복의 날이라고 할 수 있다.

물을 철거했다. 광화문 광장과 경복궁 사이에 있는 그 건물은 광복 이후에도 정부 중앙청사로 쓰이고 있었다. 그러나 광복 직후 조선 총독부 건물을 철거했다면 '독립'을 상징한다고 할 수 있겠지만 50년이 지난 후에 일어난 철거는 국민적인 의의보다는 김영삼 정권의 의지가 더 컸다고 볼 수 있다.

그러나 역사를 거슬러 올라가 보면 한국에서도 다른 나라와 마찬가지로 억압의 상징물을 파괴한 사례가 있다. 바로 '영은문 철거'이다. 아마 영은문이 무엇인지 모르는 사람들도 있을 것이다. 영은문에 대해 알아보기 위해서는 조선 시대로 되돌아가야 한다.

동등한 관계에서 청나라의 신하가 되어 버린 조선

한국인들은 통일신라 시대를 거쳐 고려 시대까지만 해도 중국과의 관계를 동등하게 여겼으며 때로는 한국인들이 중국 영토까지 확장하여 힘을 과시하기도 했다. 그러다가 삼국 시대 때 신라가 중국 당나라의 힘을 빌려 고구려를 멸망시키면서 현재 한국인이 거주하는 대부분의 지역을 차지했다.

고구려가 지배했던 넓은 북방 영토는 중국에게 빼앗겼지만 그래도 한반도 지역이 하나의 국가로 통일되었기에 독특한 한국 문

한국과 중국의 불평등한 관계를 상징하는 영은문

화와 민족의식이 생길 수 있었다고 본다.

신라가 삼국을 통일시키면서 영토 외에 잃어버린 또 한 가지가 있다. 바로 외교적 지위이다. 통일신라 시대부터 신라와 중국, 즉 한국과 중국의 동등한 관계는 흔들리기 시작했다. 물론 이러한 관계가 신라의 주권에 지장을 주지는 않았지만 대외 관계에 있어서 중국의 눈치를 볼 수밖에 없는 상황이 되어 버렸다.

이때부터 흔들리기 시작한 한중 관계는 통일신라 시대와 고려 시대를 지나 조선 왕조가 성립된 뒤 청나라가 부상하면서 완전히 틀어졌다.

명나라를 완전히 멸망시키기 위해 남방 토벌을 계획한 청나라
는 북방의 안전부터 지켜야 했고 이를 위해 조선에게 동맹을 요청
했지만 조선 왕조는 그저 북방의 오랑캐였던 청나라와의 동맹은
있을 수도 없는 일이었다. 조선에게 무시당한 청나라는 조선을 점
령하기로 마음먹었다.

'정축하성丁丑下城'으로 기록된 이 사건은 '삼전도의 굴욕'이라는
이름으로 알려져 있다.*

청나라 이전 명나라 시기에도 조선은 중국에 형제의 예를 다해
왔다. 영은문 또한 이러한 형제의 예를 다하고자 명나라 사신을 맞
이하는 모화관 앞에 세웠던 문이다. 조선 시대 내내 새 임금이 즉위
하여 중국 사신이 조칙을 가지고 오면 임금은 친히 모화관까지 나
오는 것이 상례였다. 이 문은 여러 이름으로 불리다가 중종 34년인
1539년 '영은문'이라는 이름으로 바뀌었다. 이러한 영은문은 한국
과 중국의 불평등한 관계의 상징 중 하나라고 볼 수 있다.

일본과 중국이 맺은 조약으로 독립을 회복하다

---

* 청나라가 병자호란을 벌여 한양에 침입해 오자 인조는 남한산성으로 들어가 청나라에게
  대항한다. 하지만 끝내 청나라의 공격을 이기지 못하고 패배하여 1637년 2월 24일 청나
  라와 굴욕적인 강화를 맺는다.

중국과 한국의 불평등한 관계는 중일 전쟁으로 그 양상이 변하게 된다. 1894년 일본이 중국과의 전쟁에서 승리하면서 1895년 3월 20일, 시모노세키 조약을 맺었다. 이 조약 덕분에 일본은 중국의 많은 영토를 차지하게 되었다.

그런데 이 조약에는 '조선은 완전히 독립국이다'라고 명시되어 있었다. 중일 전쟁의 발발 원인과 결과를 잘 알고 있는 개화파 인사들은 이 전쟁을 통해 조선이 중국으로부터 완전한 독립을 얻었다고 생각하고 뜻깊은 경축 예식을 계획했다. 바로 '독립문의 건설'이다.

서재필이 주도한 개화파와 일부 지식인들, 즉 독립협회 인사들이 펼친 모금 활동으로 공사에 필요한 자금이 모였고, 독립문은 1896년 말에 준공되어 1897년에 완공되었다. 여기서 중요한 것은 독립문의 위치이다. 독립문은 바로 영은문을 철거한 그 자리에 세워졌다.

독립문 외에도 청나라로부터의 독립을 상징하는 건축물은 또 있다. 새 출발을 결심한 고종은 원구단(천자가 하늘에 제사를 지내는 단)을 건설하라고 지시했고, 1897년 10월 원구단에서 대한제국을 선포하며 스스로 황제로 즉위했다.

여기서 주목해야 할 점은 바로 원구단의 특징이다. 고종이 원구

고종이 만든 원구단

단을 만들기 전까지 조선 팔도 그 어디에도 둥근 형태의 의식장이
나 종교 시설이 없었다. 중국 베이징에 '천단'이라고 부르는 대규
모의 원형 의식장이자 종교적인 장소가 있을 뿐이다.

조선 시대를 쭉 살펴보면 세조 이외에 그 어느 왕도 하늘에 직
접 기도를 올리는 제천의례를 봉행하지 않았다. 제천의례는 중국
황제가 직접 봉행하는 것이었기 때문이다. 만약 조선 왕이 제천의
례를 했다면 이는 중대한 외교적 문제가 되었을 것이다.

중국으로부터의 독립을 경축하기 위해 영은문 자리에 세워진 독립문

불평등한 한중 관계의 시작을 통일신라 시대부터 잡아야 할지, 아니면 원나라의 한반도 침략부터 잡아야 할지, 그것도 아니면 세조가 행한 마지막 제천 의례부터인지 혹은 삼전도의 굴욕부터 잡아야 할지 잘 모르겠으나 한국의 지식인들이 시모노세키 조약 이후 조선이 중국으로부터 독립을 회복했다고 보고 독립이라 명명하며 독립문을 세운 것만은 사실이다.

조지아의 통일과 분단의 역사

유럽과 아시아의 경계에 있는 조지아의 독립 역사를 보면 한국의 독립 역사와 비슷한 점을 찾아볼 수 있다.

오래전부터 캅카스 지역에는 조지아 민족이 세운 작은 왕국들이 많았다. 통일신라처럼 이 작은 왕국들을 통일시켜 조지아 왕국이 된 것은 10세기 말부터였지만 조지아 민족을 통합시킨 것은 이보다 빠른 5세기 무렵이었다.

이베리아 왕국으로 알려져 있는 동조지아 왕국의 군주로 즉위한 바크탕 1세Vakhtang I는 447년 현재의 조지아 남쪽과 동쪽을 그의 통제권 아래로 가져옴으로써 조지아 민족을 통합시켰다. 고대 조지아 도시인 므츠헤타에 자치 독립 교회 총대주교직을 확립시켰던 그는 현재 조지아의 수도인 트빌리시를 왕국의 수도로 만들려고 했다. 이후 바크탕 1세의 뒤를 이어 왕위에 오른 군주들도 계속해서 조지아 민족이 거주한 지역을 흡수하고 통일시켰다.

10세기 말이 되자 조지아 왕국들은 트빌리시를 중심으로 모두 통일되었고, 11세기 조지아는 왕국이라기보다는 일종의 작은 제국이 되었다. 12세기 조지아 제국은 황금기를 누렸다.

그러나 아쉽게도 조지아 제국의 전성기는 길지 않았다. 돌궐의 후손인 셀주크 제국이 아나톨리아 반도로 쳐들어오면서 조지아

를 침공한 것이다. 이 과정
에서 조지아는 셀주크 제국
의 우월성을 인정하고 독립
의 대가로 매년 세금을 내
기로 했다.

조지아 민족을 통합시킨 바크탕 1세의 동상

이때까지만 해도 조지아
는 독립을 유지하고 있었으
며, 다비트 4세 때는 셀주크 제국과 전쟁을 벌여 두 나라 사이의
불평등한 관계를 없애버리기까지 했다.

조지아의 가장 큰 위기는 몽골 제국의 침입이었다. 셀주크 제국
까지 분단시킨 몽골 제국에게 조지아는 아무것도 아니었다.

1260년부터 크고 작은 왕국으로 쪼개진 조지아는 이란과 터
키 그리고 러시아에 의해 각각 통치를 받았다. 하지만 조지아 사
람들은 분단된 왕국을 하나의 민족 왕국으로 통일시키고자 끊임
없이 노력했고, 그 결과 1700년대 중반 카르틀리-카헤티 왕국을
세웠다.

그러나 이 왕국은 1783년 러시아 제국의 보호국이 되었고,
1801년 왕위 계승을 두고 다툼이 생기자 러시아 제국은 아예 조
지아의 세습을 없애고 내무부에서 관리하기로 했다. 이를 계기로
조지아 민족은 독립을 잃었다.

러시아 제국의 보호국이 된 1783년의 조지아 상황은 한국의 1905년과 비슷하고, 1801년 러시아 제국 내무부에 의해 관리당한 조지아의 상황은 1910년 한국의 모습과 닮아 있다.

러시아 제국으로부터의 독립을 기념하는 조지아

주권을 빼앗은 러시아 제국의 조치에 조지아 민족들은 크게 항의했고 독립 시위도 여러 차례 일어났다. 하지만 모두 러시아 제국의 유혈 진압으로 끝이 났다.

100년 넘게 독립을 잃은 채 살아온 조지아 민족에게 큰 기회가 다가왔다. 바로 공산주의 혁명이었다. 이 혁명으로 러시아 제국이 멸망하자 1918년 5월 26일, 조지아의 독립운동가들은 조지아 공화국을 선포했다. 그리고 조지아 공화국은 그 당시에 생긴 국제 연맹으로부터 승인을 받고 파리 강화회담에 참석하기도 했다.

그러나 기쁨도 잠시, 소련을 포함한 22개 국가들이 조지아 공화국을 승인했지만 레닌이 사망하고 스탈린이 정권을 잡으면서 소련의 붉은 군대는 다시 조지아를 점령하여 소련에 편입시키고 소비에트 연방을 구성하는 공화국으로 만들어 버렸다.

그 후 개혁과 개방의 열풍 속에 1990년 조지아 역사상 최초의

1918년 조지아 국회 모습

다당제 선거가 실시되었고, 소련 해체에 앞서 1991년 4월 9일 조지아는 독립선언을 했다.

오늘날 조지아에서 기념하는 '독립기념일'은 1991년 소련으로부터의 독립을 기념하는 것이 아니라 100년 전 러시아 제국으로부터 독립해 공화국을 세우고 불과 3년 동안이지만 독립의 기쁨을 누린 것을 기념하는 5월 26일이다.

일본으로부터의 해방을 경축하는 한국

조지아와 한국의 독립 역사는 비슷한 듯 보이지만 상당히 다르다. 일단 청나라와 러시아 제국이 힘든 시기에 두 민족 모두 독립을 회복했다는 점은 비슷하다. 독립의 회복을 그리 오래 즐기지 못한 점 또한 비슷하다. 조지아는 독립한 지 불과 3년 만에 소련의 지배를 받았고, 조선은 청나라로부터 독립시켜 준 일본에게 25년 후 나라의 주권을 빼앗겼다.

이 두 나라의 차이점은 외세의 개입에 있다. 한국은 시모노세키 조약에 '한국의 독립'이 명시되어서 독립을 회복한 것일 뿐 조지아 사람들처럼 자체적으로 공화국을 선포한 것은 아니었다.

이보다 더 핵심적인 차이는 이전 상황에 있다. 시모노세키 조약 이전에 청나라는 직접 관리를 파견해 조선을 다스리는 형태가 아니었다. 그러나 소련은 1801년 조지아를 연방 공화국에 편입시킨 뒤 직접 다스리고 도로와 건설 등에 투자했다.

그러면 한국은 조지아와 달리 왜 청나라로부터 독립을 회복한 날을 경축하지 않고 일본으로부터 독립한 날을 기념하는 것일까? 그리고 일본으로부터 독립한 1945년 8월 15일을 왜 독립기념일이 아닌 광복절 혹은 해방의 날이라고 부르는 것일까?

청나라와 조선의 관계를 보면 제국과 속국 관계였다. 청나라는 속국인 조선의 사회나 문화에 개입하기는커녕 내정 간섭도 하지 않았다. 그러나 일본은 달랐다. 1910년 전부터 일본은 보란 듯이 내정 간섭을 했고 군주의 부인까지 살해했다. 그리고 1910년 이후부터는 한국인들의 종교나 언어와 같은 예민한 요소까지 건드렸다.

이처럼 청나라와 일본은 조선을 지배하는 정도가 완전히 달랐다. 한국 사람들의 눈에는 청나라는 강력한 힘을 앞세워 자신의 패권을 인정시키는 제국이었지만, 일본은 민족의 재산과 의식까지 약탈하러 온 제국이었다. 그런 일본의 지배에서 벗어난 것은 한국 사람들의 입장에서 단순한 독립이 아닌 '어두운 세계에서 빛光을 다시 찾는復 느낌'이었을 것이다.

독립문을 떠올릴 때 마음 아픈 점은 독립문 뒤쪽 언덕에 위치한 서대문 형무소이다. 독립운동을 하다가 일본 경찰에게 잡혀 형무소 끌려갔을 때 형무소 정문에서 보이는 마지막 경치가 바로 독립문의 뒷면이기 때문이다.

당시 독립운동가 입장에서 보면 불과 몇 년 전 청으로부터의 독립 회복을 기리며 세운 이 문이 형무소에 들어가기 전 마지막으로 보는 건축물이 되었으니 씁쓸했을 것이다.

2부.

억압으로
부터

자주
독립을

쟁취하다

독립 단체가 주도한 독립운동

— 필리핀 —

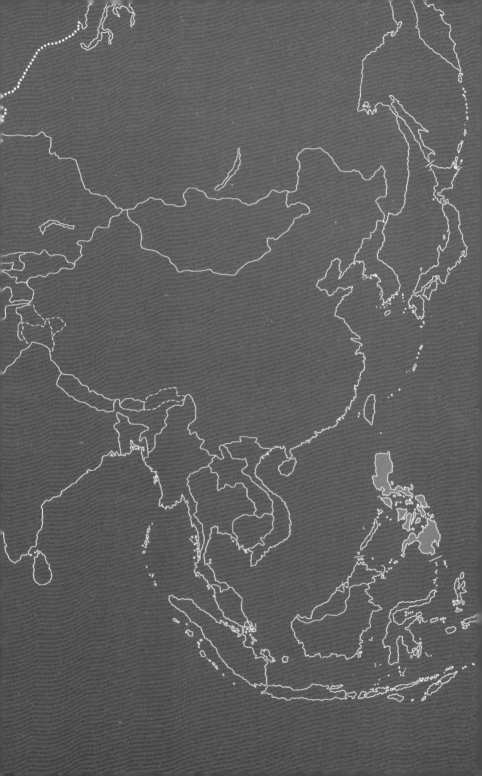

문화적 불평등으로 인해 발발되는 독립의 움직임

　오랫동안 영국으로부터의 독립을 원했던 스코틀랜드가 몇 년 전 국민투표를 실시했는데 결과는 독립 부결이었다. 투표 결과를 지켜보던 다른 나라의 민족주의자들은 스코틀랜드 국민들의 선택을 이해할 수 없었다.

　그러나 스코틀랜드 국민들이 독립을 원하지 않았던 이유는 단순하다. 지금까지 연합왕국의 법, 즉 영국의 법으로 스코틀랜드가 불이익을 받은 적도 없고, 스코틀랜드만의 단독 의회도 존재하며, 연합왕국의 국기에 스코틀랜드 민족을 대표하는 상징도 들어가 있었기 때문이다. 이런 상황에서 그들은 독립보다는 영국과 같은 제도 내에서 함께 살아가는 것을 택했다.

스코틀랜드 사례에서도 볼 수 있듯이 세계 각국의 독립 역사를 살펴보면 기본적인 흐름이 비슷하다. 어떤 나라에 의해 지배를 받고 있지만 그 나라 사람들이 문화적 혹은 인종적인 차이에도 불구하고 지배 대상들과 살아가는 데 불편함을 느끼지 않으면 굳이 독립하려고 하지 않는다. 즉 지배 대상에게 문화적 혹은 인종적으로 받는 불이익이 독립의 필수적인 조건이 되는 것이다.

지배층과의 불평등을 제기한 민족이 정치적으로 결과를 얻지 못하고, 나아가 정치적으로 보복을 당하면 독립운동은 폭력의 단계로 접어든다. 이러한 흐름은 거의 모든 나라에서 비슷하게 나타났다.

한국과 비슷하지만 다른 필리핀 독립의 특징

불평등의 문제를 제기했으나 정치적으로 만족할 만한 결과를 얻지 못하고 지배 계층의 억압으로 말미암아 평화적인 독립운동이 무장투쟁으로 발전한 나라는 필리핀과 한국이 대표적이다. 이 두 나라의 독립 과정을 보면 비슷한 점도 많다. 하지만 아주 극적으로 반대되는 모습도 볼 수 있다.

필리핀과 한국은 큰 제국으로부터 독립하려고 하다가 또 다른 강대국의 침략을 당했다. 필리핀은 스페인 식민 통치 시대를 거쳐 미국 통치 시대 그리고 일본에 의해 지배를 당했고, 한국은 고려 시대부터 중국 원나라 그리고 조선 시대에는 청나라에 조공을 바치며 불평등한 관계를 지속하다가 일제강점기를 맞이했다.

또한 이 두 나라는 비밀결사조직을 만들어 독립운동을 벌이고 자치 정부를 수립했으나 국제 사회에서 인정받지 못했다. 그리고 이들은 정부를 수립한 날을 국경일로 지정하고 있다.

이렇게 비슷한 독립운동의 양상을 보이는 필리핀과 한국이지만 차이점도 보인다. 그중 가장 핵심적인 차이점은 바로 독립을 위해 싸운 단체의 성격이다. 필리핀의 경우 하나의 독립 단체가 필리핀의 독립 역사 전부를 차지하고 있다고 봐도 과언이 아니다. 필리핀의 국경일 대부분은 이 단체와 관련이 있다.

스페인의 필리핀 식민 지배 과정

'필리핀'이라는 나라는 문명의 흐름에 따라 자연스럽게 생긴 나라가 아니다. 세계 역사를 살펴보면 식민지 시기 이전에 파키스탄이라는 나라가 없었던 것처럼 필리핀이라는 나라도 존재하

필리핀이라는 나라 이름은
스페인 왕 펠리페 2세의 이름에서 따왔다.

지 않았다.

파키스탄은 그 나라의 지식인들이 그 지역 5개 주의 첫 글자를 모아 국명을 지었으며 '깨끗한 나라'라는 뜻을 지니고 있다.

필리핀 역시 스페인 해적이 그 지역을 차지하기 전까지는 국명이 없었다. 필리핀이라는 국명은 스페인 해적이 그 지역을 지배하면서 그 당시 스페인 국왕이었던 '펠리페 2세Felipe II'의 이름에서 따와 나라 이름을 붙인 것이다.

그렇다면 스페인 사람들이 오기 전 지금의 필리핀 지역에는 무엇이 있었을까? 1521년 스페인 제국이 비사야 제도에 도착하기 전 이 지역에는 크고 작은 군주국들이 있었다. 일부 지역은 이슬람 술탄국이었고, 다른 일부는 애니미즘을 믿는 부족들이 있었다.

스페인 사람들이 필리핀 지역에 도착하자마자 곧바로 원주민들을 지배한 것은 아니다.

그 당시 필리핀 지역에 있던 막탄 왕국의 라푸라푸Lapu-Lapu는 대

서양과 태평양을 횡단하여
필리핀에 도착한 페르디난
드 마젤란Ferdinand Magellan과
그의 부하들을 몰아냈다.
이 막탄 전쟁에서의 패배로
스페인 제국의 1차 필리핀
식민지 지배 시도는 실패로
돌아갔다.

해양 강국 스페인을 물리친 라푸라푸의 동상

라푸라푸는 필리핀 역사
상 최초의 영웅으로 등재되
어 있고, 2019년부터 막탄

전쟁에서 승리를 거둔 4월 27일을 '라푸라푸 기념일'로 정하고 경
축할 예정이다.

비록 막탄 전쟁에서 스페인의 마젤란은 목숨을 잃었지만 스페
인의 필리핀 식민지 계획은 멈추지 않았다.

그 후 수십 년 동안 스페인 본국은 여러 탐사대를 필리핀 제도
에 파견했고, 드디어 1565년 세부를 중심으로 필리핀의 중앙 지역
에 식민지 기지를 세웠다. 이때 남쪽에 위치한 무슬림 지역을 두
려워한 스페인은 먼저 북방 정책을 실시했으며, 그 결과 1570년
5월 24일 전쟁 끝에 마닐라 왕국을 멸망시켰다.

스페인 지배층은 당시 지역 내 다른 왕국들에 비해 그나마 발전된 문명을 지닌 마닐라 왕국으로 식민 총독부를 이전했다. 이는 마닐라가 300년 후 독립될 훗날의 필리핀의 수도가 된 계기가 되었다.

신기하게도 마닐라에서는 자신들의 왕국이 사라진 1570년 5월 24일을 기념하고 있다. 우리가 보기에는 마닐라 왕국의 멸망이 슬픈 일이라고 생각하지만, 마닐라 사람들은 이날을 고대 마닐라에서 현대 마닐라로 바뀌는 날이라고 생각한다.

현재 필리핀에서는 영어와 함께 타갈로그어를 공용어로 사용하고 있다. 왜냐하면 마닐라에 위치한 총독부에서 필리핀 원주민들을 교육시킬 때 그 지역의 현지 언어인 타갈로그어를 사용했기 때문이다.

다시 필리핀 역사로 돌아가서 스페인 제국이 오늘날 필리핀이 차지하고 있는 영토 대부분을 식민지화했지만 아직 남쪽에는 이슬람 술탄국들이 버티고 있었다. 그중에서 술루 술탄국은 오스만 제국과 말레이시아에 있는 작은 술탄국들로부터 지원을 받아 스페인에 대항해 끝까지 싸웠다.

강력하게 버티는 이슬람 술탄국 때문에 골치가 아픈 상황에서 스페인 총독부는 1800년대 중반 또 다른 문제와 마주하게 된다. 바로 필리핀의 민족주의이다.

필리핀 독립운동의 변화 양상

필리핀을 지배하고 있던 스페인 정권은 주로 혼혈 중심으로 공무원을 채용해 식민 행정을 유지하고 있었다. 토종 스페인 사람이 최고의 엘리트였고, 그 다음으로 혼혈들이 강했고, 지역 토착 원주민들은 약탈 정책의 대상이었다. 이러한 사회 구조 속에서 언젠가 폭발되어야 할 문제가 터졌다.

1872년 카비테 주에서 근무하고 있던 필리핀 토착 군인과 노동자들은 불평등한 인건비를 견디다 못해 반란을 일으켰다. 반란 장소가 무기고이다 보니 스페인 총독부에게 충격이 컸다.

이 반란의 여파는 곧바로 전국적으로 퍼져 갔다. 스페인 총독부는 당황한 나머지 반란을 과잉 진압했고, 이 과정에서 필리핀 사람들의 존경을 받는 3명의 사제, 마리아노 고메스Mariano Gomez, 호세 부르고스José Burgos, 하신토 사모라Jacinto Zamora가 내란죄로 사형당했다. 이들의 처형으로 인해 필리핀 사람들의 독립을 향한 열망이 솟아났다. 수많은 역사학자들은 필리핀 독립의 첫 단추를 '카비테 반란'과 '사제 3인의 처형'으로 보고 있다.

필리핀 곳곳에서 반反스페인 감정이 확산되자 일부 필리핀 지식인들은 스페인 제국에게 필리핀을 제대로 개혁하라고 압박했다. 개혁을 요구한 지식인 중 가장 대표적인 인물은 필리핀 역사상 최고의 소설가로 꼽히는 '호세 리살José Rizal'이다.

문학과 교육을 통한 계몽운동으로
독립 활동을 펼친 호세 리살

처음부터 개혁을 원했던 리살은 스페인 제국에게 실망하고 독립운동에 헌신한다. 그러나 그는 무장투쟁은 반대했다. 오로지 문학과 교육을 통해 국민들을 계몽하고자 했다. 필리핀 문학의 선구자인 그는 작품을 통해 필리핀 국민들에게 민족주의를 심어 주고 필리핀의 해방을 요구하도록 만들었다.

그러나 스페인 총독부는 리살을 무장 단체들의 배후라고 여기고 투옥시켰다. 그는 마닐라 구도심에 위치한 인트로무로스에서 감옥 생활을 보내다가 1896년 12월 30일, 서른다섯 살의 젊은 나이에 공개 총살형을 당했다.

그의 죽음 소식은 필리핀에 있는 비폭력 독립운동가들을 무장 투쟁론자로 전환하게 만들었다. 이때부터 필리핀의 독립운동은 더 과격하게 진행되었다.

그가 총살당한 12월 30일은 '리살의 기념일'이 되었고 매년 공휴일로 지정해 경축하고 있다.

무장 독립 단체였던 비밀결사조직, 카티푸난의 탄생

리살의 죽음 이후 과격해진 필리핀의 무장 독립 단체 이야기를 하기 전에 필리핀과 한국의 차이점을 설명해야 된다.

일본에게 지배당하기 전 한반도에는 이미 통일된 한민족의 국가가 있었지만, 앞에서도 살펴보았듯이 스페인이 필리핀을 지배하기 전 그 지역에는 통일된 국가가 없었다.

그러다 보니 한국 독립운동의 상징이나 원동력은 일본에 지배당하기 전의 왕조로부터 파생되었고, 통일 국가가 없었던 필리핀에서는 독립운동의 상징이나 원동력이 독립운동을 끌고 간 단체로부터 파생되었다.

예를 들어, 대한민국 임시정부는 일본이 지배하기 전에 있었던 대한제국의 국명에서 유래된 것이고, 국기 또한 대한제국이 썼던 태극기를 사용하고 있다. 반면 필리핀 국기에 있는 태양 무늬는 필리핀 독립을 이루는 데 핵심적인 역할을 했던 'KKK'의 깃발에서 유래된 것이다.

'KKK'는 'Kataas-taasan, Kagalang-galang Katipunan ng

mga Anak ng Bayan'이라는 독립 단체의 약칭으로, '민족 아이들의 위대하고 명예스러운 단체'라는 뜻을 지니고 있다. 이 독립 단체는 '카티푸난Katipunan'이라고 불리기도 한다.

1892년 독립운동가이자 정치가인 안드레스 보니파시오Andrés Bonifacio가 설립한 카티푸난은 비밀결사조직으로, 정당이면서 무장 독립 단체였다. 카티푸난이 설립된 첫해에는 회원이 10만 명 정도였고, 4년 후에는 40만 명을 끌고 가는 조직이 되었다. 이 조직의 공용어 역시 타갈로그어이다.

1896년 스페인 총독부가 카티푸난의 존재를 알게 되었고, 회원들을 억압하자 카티푸난은 지하에서 비밀리에 활동하던 것을 멈추고 공개적으로 무장투쟁에 나섰다. 필리핀에서는 1896년을 필리핀 독립전쟁이 시작된 해로 여긴다.

그 당시 카비테의 시장이었던 에밀리오 아기날도Emilio Aguinaldo가 카티푸난 회원이었다는 사실에 스페인 총독부는 많이 당황했다.

선거를 통해 카티푸난의 지도자가 된 아기날도

카티푸난이 스페인 총독부와 무력 투쟁을 벌이는 동안 내부에서는 갈등이 생겨나기 시작했다. 무장투쟁 과정에서 안드레스

보니파시오가 보인 군사 지
도자로서의 무능함으로 인
해 당은 친親보니파시오와
반反보니파시오로 분리된 것
이다.

1897년 3월 22일, 카티푸
난 회원들은 카비테에서 지
도자를 선출하기 위해 선거
를 열었다. 그동안 당의 지도
자였던 보니파시오는 선거
에서 아기날도에게 패했다.

카티푸난을 설립한 안드레스 보니파시오

선거를 통해 대통령으로 선출된 아기날도는 독립운동의 새로운
지도자가 되었다. '테제로스 회의'라고 불리는 이 선거는 필리핀
사람들이 자체적으로 실시한 첫 대선으로 역사에 기록되어 있다.

그러나 이 선거에는 한 가지 문제가 있었다. 바로 선거에서 패
한 보니파시오의 거취였다.

선거 결과를 정치적 조작이라고 생각한 보니파시오는 카티푸난
에서 탈퇴해 단독 정부 수립에 나섰고, 카티푸난은 보니파시오의
이러한 행동을 반역죄로 규정지었다. 1897년 5월 10일, 보니파시
오는 반역죄로 처형당했다. 이 사건은 필리핀의 독립 역사에서 가

카티푸난 지도부들은 필리핀 공화국을 선포했으나
비악나바토 조약에 의해 해외로 망명을 가야 했다.

장 부끄러운 사건으로 평가받는다.

　필리핀 사람들은 카티푸난을 설립해 독립의 문을 열어 준 보니
파시오를 아직도 잊지 않고, 그의 생일인 11월 30일을 '보니파시
오의 기념일'로 지정해 매년 경축하고 있다.

　보니파시오의 죽음으로 아픈 새 출발을 한 카티푸난 지도부는
1897년 11월 1일, '필리핀 공화국'을 선포했다. 그러나 이 공화국
은 역사에 필리핀 공화국이 아닌 '비악나바토 공화국'으로 남아

있다. 그 이유는 공화국을 선포하고 불과 몇 달 후 카티푸난 지도부가 스페인 총독부와 비악나바토 조약을 체결하면서 공화국을 해산시켰기 때문이다.

스페인을 상대로 한 독립전쟁은 너무 치열했고, 끝이 보이지 않다 보니 독립운동가들도 많이 지친 상태였다. 게다가 독립을 원하는 사람들은 주로 하층민이었고, 중상층 이상의 사람들은 굳이 독립을 원하지 않는 상황이었다.

비악나바토 조약에 따라 카티푸난 지도부들은 해외로 망명을 가야 했다. 그리고 스페인 총독부는 전쟁 배상금을 내야 했고, 자치권을 두고 행정 개혁을 해야 했다. 조약에 명시된 대로 카티푸난 지도부들은 해외로 망명을 떠났다.

외세로부터의 독립을 얻은 필리핀 공화국

그 사이 스페인에는 대외적으로 해결해야 하는 사건이 하나 생겼다. 바로 바다 건너에 있는 쿠바 문제였다.* 쿠바를 사이에 두

---

* 1895년부터 1898년에 걸쳐 쿠바에서 발발한 독립전쟁을 말한다. 스페인 제국으로부터의 독립을 위한 마지막 싸움이 1895년 2월 24일에 시작되었고, 1898년 4월 25일에 미국이 개입하면서 스페인-미국 전쟁으로 발전한다.

고 스페인과 미국은 전쟁을 벌였고, 이때 미국은 스페인의 식민 정책을 혼란에 빠뜨리기 위해 카티푸난 지도부와 접촉했다. 미국은 이들로 하여금 독립전쟁을 일으키도록 설득했고, 미국의 도움으로 해외 망명에서 돌아온 카티푸난 지도부들은 제2의 독립전쟁을 일으켰다.

바다 건너 미국과 쿠바의 독립운동가들과 전쟁을 벌이고 있었던 스페인은 카티푸난의 움직임을 막을 수 없었다. 드디어 1898년 6월 12일, 아기날도는 '필리핀 공화국'을 선포했다. 그때 채택된 공화국의 국가가 지금의 필리핀 국가가 되었고, 그 당시 지정된 국기 또한 오늘날의 필리핀 국기와 거의 비슷하다.

필리핀 사람들은 이로써 독립을 했다고 생각했다. 그러나 예상치 못했던 무언가가 기다리고 있었다. 바로 미국의 개입이었다.

미국-스페인의 전쟁은 같은 해에 체결된 파리 조약으로 종지부를 찍었다. 조약에 따르면 스페인은 전쟁에서 패배했다는 것을 인정하고 미국에게 지급해야 할 전쟁 배상금 2,000만 불의 대가로 괌, 푸에르토리코, 필리핀의 영유권을 넘겨야 했다.

이미 필리핀에 군대를 주둔시킨 미국과 필리핀 공화국 사이에 마찰이 생겼고, 이는 곧 필리핀-미국 전쟁이 되었다. 1899년 2월 4일, 카티푸난 민병들과 미군 사이에 발생한 교전은 3년 동안 계속되었다. 결국 1901년 아기날도는 항복을 선언했고 카티푸난의 핵심 민병군은 1902년에 역사 속으로 사라졌다. 그러나 독립을 원하는 대원들의 게릴라전은 1차 세계대전까지 계속되었다.

1935년에 미국은 필리핀이 예전에 수립한 군정을 해산시키고 '필리핀 코먼웰스 공화국'이라는 이름으로 필리핀의 자치권을 승인했다. 이 자치령 공화국의 초대 대통령은 한때 아기날도의 비서실장 역할을 했던 마누엘 루이스 케손Manuel Luís Quezon이었다.

이 공화국 또한 혼란을 겪게 된다. 1942년 태평양 전쟁 시기, 일본이 필리핀을 점령하면서 공화국 지도부는 미국으로 피신을 갔다. 2차 세계대전이 미국과 연합군의 승리로 끝이 나자 일본은 필리핀에서 철수했다.

그때까지만 해도 필리핀 공화국은 완전히 독립을 얻지 못한 상황이었지만 1945년 유엔 회원국으로부터 국제적으로 인정받은 후 1946년 7월 4일, 미국으로부터 완전히 독립했다.

새로 출발한 필리핀 공화국은 처음에는 7월 4일을 독립기념일로 정하고 한참 동안 공식 행사를 펼치고 경축했다. 7월 4일 독립기념일은 미국의 독립기념일과도 일치한다.

그러나 1964년 디오스다도 마카파갈 대통령Diosdado Macapagal은 필리핀 독립의 기원이 1898년 6월 12일에 선포된 공화국에 있다고 주장해 필리핀 독립기념일을 6월 12일로 변경했다. 그 결과 현재 필리핀에서는 매년 6월 12일을 독립기념일로 경축하고 있다.

개화당의 영향을 받은 한국의 독립 단체들

필리핀의 독립 역사를 보다 보면 자연스럽게 한국의 독립운동과 비교하게 된다. 한국에서는 필리핀처럼 하나의 독립 단체가 주도하는 방식으로 독립운동이 진행되지 않았다. 한국 독립운동 단체의 기원을 살펴보면 두 개의 조직이 눈에 띈다. 하나는 앞에서 살펴본 동학이고, 또 하나는 개화당이다.

개화당은 1874년에 낙후한 조선 왕조를 개혁하여 세계 강대국으로 거듭나기 위해 만들어진 단체이다. 개화당 수뇌부들은 계몽운동 위주로 활동을 하다가 개혁 과정이 생각보다 늦어지자 1884년 쿠데타를 일으켰다. 조선 왕조의 마지막 쿠데타로 알려진 '갑신정변' 혹은 '갑신혁명'이 그것이다.

갑신정변은 중국의 개입으로 불과 3일 만에 막을 내렸고 조선 왕조의 기득권 세력들은 개화당 회원들을 기소하여 연좌제를 적용했다. 이 사건을 계기로 일본 지식인들은 조선이 자체적으로 현대화할 수 없다고 판단했다. 이때부터 일본은 조선의 식민 지배에 욕심을 드러냈다고 생각한다.

그러나 개화당을 중심으로 시작된 개화운동은 훗날 독립운동에 영향을 주었다. 개화당이 사라진 이후 한국의 독립을 지향한 첫 단체는 '독립협회'인데, 이 협회는 나라의 주권이 사라진 후 생겨난

낙후된 조선을 개혁시키기 위해 혁명을 일으킨 개화당원들

것이 아니라 나라의 주권이 다른 나라에 빼앗길 수도 있겠다는 걱
정으로 1896년에 공식적으로 생겨난 단체이다.

이 단체의 회원을 보면 지금으로서는 이해할 수 없는 조합이다.
대한민국 초대 대통령인 이승만도 있었고, 조선 최대의 친일파 이
완용도 있었다.

독립협회는 왕실에 입헌군주제와 같은 민주주의 성격을 지닌
정치적 요구를 했기 때문에 기존 기득권 세력인 황국협회와는 어
쩔 수 없이 부딪힐 수밖에 없었다. 두 협회 사이에 갈등이 일어났

을 때 이때 고종은 황국협회 편을 들었다. 그 결과 독립협회는 설
립 2년 만에 해산되고 말았다.

1900년대가 되면서 한국의 독립운동 단체들은 국내외에서 다
방면으로 만들어지고 활동에 나섰다. 미국에 나가 있는 사람들은
'대한인국민회'를, 국내에 있는 사람들은 '신민회'를 통해서 독립
운동을 조직했다.

신민회는 처음에는 기독교 사상으로 독립운동을 조직한 지식인
들의 모임이었으나 점차 세력을 넓혀갔다. 하지만 1911년에 일어
난 '105인 사건'으로 독립운동가 105명이 기소되면서 신민회 수

뇌부는 더 이상 국내에서 활동을 못하게 되었다.*

대한민국 임시정부 수립

3.1 운동이 일어나기 전 중국에서 독립운동을 조직한 단체들이 있었다. 가장 대표적인 단체는 여운형이 주도한 '신한청년당'이다.

3.1 운동 후 대한민국 임시정부 수립에 큰 도움을 준 신한청년당은 임시정부의 외교 활동에 방해될 수 있다는 우려로 1922년 스스로 해산하기로 했다. 그 후 일제강점기 시절 가장 대표성을 띠는 독립 단체는 대한민국 임시정부가 되었다.

대한민국 임시정부의 가장 핵심적인 역할은 다양한 종교와 사상을 가진 한국인들을 같은 틀에서 독립운동을 할 수 있는 환경을 만들었다는 점이었다. 임시정부가 수립됨으로써 독립운동의 통합이 가능해졌고, 그 경험으로 독립 후 민주주의가 실현되기까지 나름 적합한 정치적 마당이 형성되었다.

---

* 1911년 조선 총독부 초대 총독인 데라우치 마사다케를 암살하려 했다는 명분으로, 일제가 서북 지방의 기독교 세력을 제거하기 위해 신민회 회원을 검거하고 모진 고문을 자행한 뒤 105명을 기소했다. 일제강점기 당시 교회는 일본이 식민지 조선을 통치하는 데 큰 걸림돌이었다. 서구 열강과 힘겨루기를 해야 했던 일본으로서는 미국, 영국 등 각국에서 파견된 선교사들이 한국에 영향을 끼치는 것을 불편해 했다. 이러한 상황에서 105인 사건이 일어났다.

그런 이유로 미국 군정이 대한민국 임시정부를 공개적으로 인정하지 않았어도 38선 이남에서 미국에 적극적으로 협력한 사람들을 보면 주로 임시정부에서 활동한 경험이 있는 독립운동가들이었다.

　대한민국 임시정부를 한국 독립 역사에서 빼버린다면 오늘날 한국 사람들이 애국가와 어린이날, 삼일절, 개천절과 같은 기념일을 없애고, 태극기마저 부정해 버리는 것과 마찬가지이다.

　또한 대한민국 임시정부를 배제한다면 1948년 이남에서 수립된 정부는 무슨 의미가 있겠는가? 남쪽에서의 단독 정부 수립을 가장 환영했고, 임시정부 멤버들의 비난을 받았던 이승만 대통령도 정부 수립 후 신생국인 대한민국의 뿌리를 임시정부에서 찾으려 했던 이유도 바로 이것이다.

신한청년단

상해 대한민국 임시정부

군사 조직력의 터키,
애국 계몽운동의 한국

― 터키 ―

세계의 패권을 거머쥔 오스만 제국

세계 각 나라의 역사를 보면 독립하는 과정이 참으로 다양하다. 필리핀처럼 스페인과 미국, 일본에게 333년 동안 식민 지배를 당한 후 (같은 민족은 아니지만) 그 지역에 사는 사람들이 힘을 모아 독립한 나라도 있지만, 짧은 기간 동안 지배를 당했다가 점령군으로부터 해방된 나라도 있다.

어떻게 자유를 잃었느냐에 따라 독립운동의 전개 방식이 달라지기도 한다. 이런 맥락에서 가장 비교해 보고 싶은 나라가 바로 터키와 한국이다.

기원전 27년, 알렉산더 대왕이 세운 제국과 거의 비슷한 크기

메흐메트 2세는 동로마 제국을 멸망시킨 후
오스만 제국의 영토를 확장했다.

의 영토를 가진 로마 제국
이 역사 무대에 등장하여
오랫동안 세계 패권을 거머
쥐었다.

395년 테오도시우스 1세
Theodosius I는 로마의 광대한
땅을 혼자서 통치할 수 없
을 거 같아 로마 제국을 동
서로 분할해 자신의 두 아
들에게 맡겼다.

이렇게 동서로 로마가 분
열된 뒤에는 동로마 제국, 즉 비잔틴 제국이 로마 제국의 전통을
이어받았으나 1453년 오스만 제국에게 멸망당한 후 로마 제국의
유산은 오스만 제국으로 넘어갔다.

1453년 이스탄불을 정복한 메흐메트 2세Mehmet II는 자신을 로마
제국의 황제로 지칭할 만큼 오스만 제국이 로마 제국의 명맥을 잇
고 있다고 생각했다.

1차 세계대전의 패배로 연합군에게 점령당하다

600년 동안 유럽과 아시아 그리고 아프리카 지역에서 로마 제국의 역할을 해 왔던 오스만 제국의 영향력은 1차 세계대전을 끝으로 막을 내렸다.

한국의 개화당과 비슷한 성격을 지닌 터키의 청년투르크당은 실패한 갑신정변과 달리 혁명에 성공했다. 1909년 청년투르크당은 정권을 잡은 후 오스만 제국의 강력한 황제 압둘하미드 2세의 왕위를 찬탈했다.

이제 오스만 제국의 정권은 청년투르크당의 젊은 군부 출신 지식인들에게 있었다. 이들은 독일 제국과 동맹을 맺은 후 1차 세계대전에 참전했고 많은 전선에서 연합군을 이겼지만, 동맹국이었던 독일의 항전 선언으로 어쩔 수 없이 항복할 수밖에 없었다.

연합군과 휴전 조약을 맺

청년투르크당에 의해 왕위를 찬탈당한
압둘하미드 2세

은 오스만 제국은 조약에 따라 군부를 해산시키고 그 외의 조항들
도 이행해야만 했다. 조약의 내용은 가혹했다. 연합군은 그들이 원
하는 지역을 마음껏 점령할 수 있었다. 그러다 보니 오스만 제국
이 다스리던 중동 지역은 물론이고, 투르크족이 사는 지역까지 연
합군에게 점령당했다.

터키 해방 전쟁의 시발점

이런 상황을 받아들이지 못한 젊은 장교들은 무스타파 케말 파
샤Mustafa Kemal Pasha 중심으로 해방 전쟁을 일으켰다.

무스타파 케말은 1차 세계대전 때 갈리폴리 전투에서 승리를 거
두어서 큰 공을 세웠고, 전쟁이 끝난 후 연합국이 오스만 제국을
침공할 때 전선에 나가 조국을 수호했다. 갈리폴리 전투 이후 무스
타파 케말에게는 지도자라는 뜻의 '파샤Pasha'라는 칭호가 따라붙
게 되었고, 유럽에서는 '케말 파샤'라는 이름으로 널리 알려졌다.

터키 해방 전쟁의 시발점은 1919년 5월 19일, 케말 파샤가 이스
탄불을 떠나 삼순Samsun이라는 터키의 북부 도시에 도착하는 날부
터이다. 케말 파샤가 삼순으로 간 공식적인 이유는 해체되지 않은
오스만 제국의 군부를 조사해 연합군에게 보고하는 것이었지만,

사실은 아나톨리아 반도에 있는 군인 및 지식인들과 함께 해방 전쟁을 모의하려는 목적이었다.

오스만 제국의 술탄*이 왜 케말 파샤를 삼순으로 보냈는지에 대해서는 해석이 분분하다. 1919년 연합군은 오스만 제국에게 아나톨리아 반도에서 해체령을 지키지 않은 군부를 조사하라고 요구했다. 그 당시 군인이나 정치인이 수도 이스탄불을 벗어나는 것은 금지 사항이었고, 특수한 경우에는 연합군의 허락을 받아야 했다. 왜냐하면 본토로 도망간 군인이나 정치인들이 어떤 행동을 할지 몰랐기 때문이다.

그래서 연합군 사령관은 오스만 제국에게 연합군과 맺은 조약에 성실한 군인을 파견하라고 지시했고, 메흐메트 6세는 케말 파샤를 임명했다.

바로 이 맥락에서 일부 사학자들은 메흐메트 6세가 일부러 케말 파샤를 임명했고 그에게 해방운동 모의를 명령했다고 주장한다. 그러나 터키 교육부의 공식 역사 교육 과정에서는 이에 대한 언급이 없고, 케말 파샤가 이를 기회삼아 스스로 해방 운동에 나섰다고 되어 있다.

---

* 술탄은 이슬람 세계에서 세습 군주제로 통치하는 국가 또는 지역의 군주를 일컫는 말이다. 황족을 칭하는 칭호이기도 하다.

터키 민주주의의 뿌리가 된 아마시야 선언

삼순에 도착한 케말 파샤는 근처 아마시야에서 의회를 개최하여 인근 지역에서 온 대표들과 함께 오스만 제국의 미래에 대해 논의했다. 그리고 이들은 더 이상 이스탄불에 있는 정부에 충성하지 않을 것이며, 연합군과 전쟁을 벌일 것임을 선언하는 '아마시야 선언'을 선포한다. 훗날 수립될 터키 공화국의 바탕이 되는 민주주의의 뿌리가 아마시야 선언에서 처음으로 언급된 것이다.

아마시야 선언의 1조부터 3조에는 터키 공화국이 추구하는 민주주의의 방향이 나와 있다.

1조. 조국의 통일성과 국민의 독립이 위기에 처한 상황이다.
2조. 이스탄불 정부가 책임을 지지 못한 상황이고 국민을 무시하고 있다.
3조. 국민의 독립은 국민의 열정과 결심이 살려줄 것이다.

터키 해방군을 조직적으로 이끈 케말 파샤의 승리

케말 파샤는 아마시야 선언 이후 몇몇 도시에서 여러 번 의회를

터키 민주주의의 뿌리가 되는 야마시야 선언

주도했다. 이스탄불이 연합군의 점령하에 있던 터라 이들은 외세의 개입을 받지 않는 국회의 필요성을 강하게 느꼈고 의원들이 전국에서 앙카라로 모여 국회를 열었다.

1920년 4월 23일에 열린 이 국회는 아직 수립되지 않은 터키 공화국의 첫 국회로 인정받고 있다. 앙카라에서 열린 국회의 가장 큰 의제는 '연합군의 점령을 어떻게 벗어날 것인가'였다. 술탄의 지위나 공화주의와 같은 정치적 목표와 목적은 아직 논의되지 않은 상황이었다.

앙카라에서 또 다른 국회가 열리자 이스탄불에 있는 오스만 제국의 정부는 앙카라 국회에 참석한 모든 인사들을 반역자로 지목했다. 앙카라 국회의 지원을 받은 해방군은 처음에는 연합군의 지원을 받은 그리스군을 몇 차례 이겼지만 마지막 전쟁에서 크게 패했다. 그리스군이 거의 앙카라 부근까지 쳐들어오는 등 상황이 급박해지자 앙카라 국회는 케말 파샤를 총사령관으로 임명했다.

군사 작전에 뛰어난 장교인 케말 파샤는 전략적인 부분이 약한 해방군을 이끌고 1922년 8월 30일, 터키에서 그리스군을 쫓아냈다. 케말 파샤가 이끈 터키 해방군에게 속수무책으로 당한 그리스군을 본 영국 정부는 다른 식민 국가들에게 추가 군사력을 요청했다. 그러나 이미 1차 세계대전에서 자국의 청년들을 많이 잃은 식민지 정부들은 처칠의 요청을 거절했다. 터키에 주둔해 있던 영

터키 국회 오픈식

터키 첫 국회를 축하하는 케말 파샤

국군 장군들조차 처칠의 지시를 따르지 않고 터키 해방군의 전진을 막지 않았다.

터키 공화국 선포

1922년 말, 연합군은 1차 세계대전 때 맺었던 휴전 조약을 수정하려는 목적으로 오스만 제국에게 협상을 제의했다. 그리고 이스탄불 정부와 앙카라에 새로 지어진 정부를 협상 자리에 동시에 초

터키 공화국을 선포하는 케말 파샤

청했다. 케말 파샤는 정부가
두 개로 나뉘져 있으면 상
황이 불리하다고 판단했고
하나의 정부를 구성하기 위
해 이스탄불 정부를 해산시
키고자 했다. 이미 케말 파
샤의 머릿속에는 공화국 프
로젝트가 있었지만 시기를
기다리고 있던 상황이었다.

1923년 10월 29일, 케밀
파샤는 앙카라 국회에서 오

터키 공화국이 수립되면서 폐위당한
오스만 제국의 마지막 황제, 메흐메트 6세

스만 제국의 해산과 터키 공화국의 선포를 선언했다. 케말 파샤의
터키 공화국 선포 선언은 국회에서 과반수로 승인받았고, 622년 동
안 터키를 지배했던 오스만 제국은 역사의 무대 속으로 사라졌다.

터키 공화국 설립 과정을 보여주는 터키의 국경일들

터키의 국경일을 보면 터키 공화국의 설립 과정이 보인다.
터키의 가장 오래된 국경일은 '공화국의 날'이다. 10월 29일로 지정된 이 국경일은 터키가 공화국이 된 바로 다음해인 1924년부터 국가 차원에서 공식 행사를 열고 경축했다.

또한 터키에서는 케말 파샤가 앙카라에서 첫 국회를 개최한 4월 23일을 '어린이날'로 지정하고 매년 기념하고 있다. 터키의 어린이날은 세계적으로 오래된 어린이날 중 하나이다.

터키 해방운동을 시작한 날이자 케말 파샤가 삼순에 도착한 5월 19일은 '청년의 날'로 지정해 놓았다. 터키에서 학교 다닐 때 매년 5월 19일이 되면 중고등학생들이 큰 광장에서 행진을 하는 모습을 볼 수 있었다.

터키에는 독립기념일 대신 '승전절'이 있다. 이날은 터키 해방전쟁이 실질적으로 끝난 날로, 매년 8월 30일을 승전절로 기념하고 있다.

무력 투쟁과 애국 계몽을 동시에 펼친 한국의 독립운동

터키의 사례에서 볼 수 있듯이 독립운동의 목적은 외세의 지배에서 벗어나 나라의 독립을 되찾는 것이다.

약한 국력을 키워 준다는 허울 좋은 명목으로 쳐들어온 외세의 영향력에서 벗어나기 위해 누구의 도움 없이 자주적으로 일어난 터키의 독립운동을 '해방 전쟁'으로 규정했다.

이러한 터키의 해방 전쟁은 3.1 운동 이후의 독립운동보다 대한
제국이 공식적으로 나라를 잃기 전인 1910년 즈음에 일어난 의병
활동이나 동학 운동과 성격이 비슷하다.

터키의 해방 전쟁은 군사적인 면에서 우수하고 조직화된 국회
나 정부를 중심으로 활동한 반면, 3.1 운동 이후 시작된 한국의 독
립운동은 민간 중심으로 다양한 분야에서 진행되었기 때문에 군
사적인 면에서는 열악할 수밖에 없었다.

한국의 독립운동에서 가장 눈에 띄는 것은 '애국 계몽'이다. 한
국의 독립운동가들은 나라의 주권을 잃은 이유가 교육 때문이라
고 보았다. 한국 사람들은 필리핀 사람들처럼 민족 통일성이 없었
던 것도 아니고, 터키 사람들처럼 민족의식이 있는 상황에서 제국
주의 세력에게 점령당한 것도 아니었다.

당시 대한제국은 민족 통일성은 있었지만 민족의식이 약한 상
태에서 좀 더 선진화된 일본에 의해 침략당한 것이다. 때문에 한
국의 독립운동가들은 일본 군인이나 고위 관료들을 지치게 하는
무력 투쟁을 펼침과 동시에 국민들을 대상으로 애국 계몽운동도
해야 하는 상황이었다.

한국의 독립운동은 오직 군사적 투쟁만을 의미하는 것이 아니
고, 일본과 맞서 싸울 수 있는 고등 교육을 받은 국민을 키워 그 국

백범 김구 은거 기념관

민에게 민족의식을 심어주는 것을 의미한다. 다시 말해 교육은 한국의 독립운동에서 상당히 큰 역할을 한다고 해도 과언이 아니다.

나는 한국의 독립운동가들이 교육을 얼마나 중요시했는지 보성에 가서 다시 한 번 느꼈다. 보성에 '백범 김구 은거 기념관'이 있다.

1898년 보성에서 은거 생활을 했던 김구는 광복 이후에 다시 이 동네를 찾아온다. 동네 사람들과 다시 만난 김구는 교육의 중요성을 강조했다. 김구의 조언으로 동네 사람들의 교육에 대한 열망이 커졌는데, 그 열망이 어느 정도였냐면 동네 구경을 시켜 주신 어르신이 이 동네에서 공부를 제일 못한 사람이었는데도 학교에서 교편을 잡으시다가 은퇴를 하신 분이었다. 그 동네 사람들은 대부분 공부를 잘해서 해외 유학을 갔다고 한다.

한국에서 일어난 계몽운동

한국의 독립운동가들은 여기저기 좋은 학교들을 세우면서 애국계몽운동을 했다. 독립운동의 일환으로 한국에서 일어난 계몽운동의 뿌리는 헌정연구회에서 찾아볼 수 있다.

러일 전쟁을 계기로 한국을 지배하려는 일본의 욕심이 드러나자 한국의 지식인들은 국민들의 민족의식과 시민의식이 약함에 큰 우려를 표했다. 이에 근대적 국가의 특징인 헌정憲政 연구를 통해 국민들의 의식을 고취시킬 목적으로 '헌정연구회'를 조직했다.

헌정연구회는 국민들이 개인과 국가 사이에 형성된 법률이나 의회, 입헌군주제 같은 근대적 개념들을 받아들일 수 있도록 계몽운동을 벌였다. 그러나 1905년에 체결된 을사조약으로 인해 헌정연구회는 사라지고 말았다.

1906년 옛 헌정연구회 구성원들이 모여 '대한자강회'를 결성했다. 대한자강회는 국민들의 무지와 비非단결성을 가장 큰 문제로 삼았다.

그래서 초창기에는 반일 운동을 공개적으로 벌이지 않고 비교적 온건한 입장을 취했으나 일제 통감부가 강제로 고종 황제를 퇴위시키자 더 이상 감정을 숨기지 않고 공개적으로 일제를 비난하고 나섰다. 그 결과 대한자강회도 1907년에 강제로 해산당했다.

그 뒤로 한국 사람들을 계몽시키는 데 선교회의 후원이 큰 역할을 했다. 한국 독립운동가 중에는 독실한 기독교 신자들이 많았는데 이들은 신앙심을 바탕으로 종교 활동을 하면서 동시에 서양의 힘을 빌려 독립운동도 했다. 특히 교육 사업에 가장 많이 치중했다. 이들은 외국 선교회들의 지원으로 세워진 학교를 일종의 애국계몽운동 장소로 활용했다.

그 중 가장 대표적인 학교는 1906년 미국 남감리교 선교회의 후원을 받아 윤치호가 송도에 설립한 한영서원(현 송도고등학교의 전신)이다. 이 학교에서는 종교 교육과 더불어 농업, 목축 등의 실업교육에 중점을 뒀다.

그 다음으로 살펴볼 것은 한국 사람이 자주적으로 세운 학교이다.

이승훈이 세운 오산학교와 안창호, 윤치호가 함께 설립한 대성학교가 대표적이다. 1912년 일본에 의해 강제로 폐교당한 대성학교는 1기 졸업생 19명만 배출했지만 많은 독립운동가를 키워 낸 교육의 산실이다. 대성학교에서 교육받은 독립운동가로는 서왈

대성학교   오산학교

신흥무관학교

보, 오동진 그리고 작가로 활동한 전영택 등이 있다. 특히 서왈보
는 한국 최초의 항공기 조종사로 알려져 있다.

또 하나 주목해야 할 교육 기관으로 '신흥무관학교'가 있다.
1911년 만주에서 이회영과 이동녕 등 전직 의병들이 설립한 신흥
강습소가 3.1 운동 이후 신흥무관학교로 정식 개교했다.

제대로 된 군사 훈련 없이 일어난 의병 활동의 한계를 깨달은
독립운동가들은 만주에서 현대적인 학문과 민족의식을 가르치고
군사 교육도 할 목적으로 신흥무관학교를 세웠다.

애국 계몽운동으로 민족의 해방을 꿈꾸다

이와 같은 한국 독립운동의 양상은 다른 나라에서는 찾아보기
힘들다. 한국의 독립운동은 아메리카 대륙이나 동남아시아 여러
국가들처럼 기존에 없던 민족의식이 무력 투쟁을 통해 생겨나 나
라를 세우자는 운동이 아니고, 이미 존재하지만 선진화되지 않아
사라질 뻔한 민족의식을 재구성하여 투쟁하고 나라의 주권을 되
찾고자 벌인 운동인 것이다.

그래서 한국의 독립운동은 나라의 건국보다 해방을 요구한 것
이라고 볼 수 있다. 하지만 터키처럼 오직 군사적으로 해방을 얻

자고 한 것이 아니라 교육에 큰 의미를 두어 해방에 관한 의식적 뒷받침이 있었다는 점에서 터키와도 차이가 있다.

무장 충돌도 불사한
독립전쟁

─ 알제리 ─

프랑스와 일본의 식민 지배 방식

유명한 한국 전문가인 브루스 커밍스는《한국전쟁의 기원》에서 베트남과 한국의 식민지 방식을 비교해 놓았다.

그에 따르면 식민 지배 당시 한국에 주둔한 일본군과 공무원 등 일본 국적을 가진 거주민의 수와 베트남에 주둔한 프랑스 군인의 수는 엄청난 차이가 난다. 베트남에 주둔한 프랑스군은 2,500여 명 정도였지만, 식민지를 계기로 한국으로 이주해 온 후쿠오카 주민을 제외한 일본 국적 일반 공무원만 해도 25만 명이었다.

이것만 보더라도 프랑스의 베트남 지배 방식과 일본의 한국 지배 방식이 달랐다는 것을 알 수 있다.

일본은 한국을 일본 땅으로 종속시키고 한국인이라는 정체성을 말살해 한국인을 일본인으로 완전히 동화시키려고 했다. 반면 프랑스는 베트남 군주를 통해 식민 지배를 했기 때문에 베트남인의 정체성은 남아 있었다.

그렇다면 프랑스의 베트남 지배 스타일을 보고 프랑스의 식민지 전략이 일본보다 훨씬 인간적이고 호의적이었다고 해석할 수 있을까?

아프리카 국가들의 탈식민지화 과정을 한번 살펴보자.

프랑스에서 가장 먼저 독립한 나라는 모로코와 튀니지이다. 이 두 나라는 동남아시아의 다른 프랑스 지배 지역처럼 군주와 프랑스 정부 사이에 체결된 보호 조약으로 프랑스의 식민지가 되었고, 프랑스는 군주를 통해 이들 나라를 식민 지배하고 있었다. 즉 프랑스는 이 지역들을 지배하기 위해 큰 군사력을 동원하지 않았다.

시기적으로 보면 튀니지는 1880년대 초기, 모로코는 1910년대 초기에 프랑스의 지배하에 들어갔고 2차 세계대전 이후 별 무력 투쟁 없이 프랑스로부터 독립할 수 있었다.*

모로코와 튀니지 다음으로 독립한 아프리카 식민지는 기니이다. 기니의 독립은 초대 대통령인 아메드 세쿠 투레Ahmed Sékou Touré

---

* 튀니지는 1881년부터 1956년까지 프랑스 보호령으로 있었으며, 모로코는 1912년 스페인과 프랑스의 보호령이 되었다가 1956년 프랑스로부터 독립했다.

의 노력으로 이루어졌다고 평가할 수 있지만, 나머지 아프리카 국가들은 프랑스가 그들의 독립을 막지 않았기 때문에 독립이 이루어졌다고 해도 과언이 아니다.

그러나 예외는 또 있었다. 바로 어마어마한 피를 흘리면서 독립한 알제리이다. 프랑스의 알제리 식민 지배 방식과 일본의 조선 식민 지배 방식은 거의 비슷하다.

프랑스의 식민 지배를 당한 알제리

16세기 초부터 서구 열강은 아프리카에 작은 요새를 만들어 군사를 주둔시켰다. 하지만 커다란 영토를 식민지화한 것은 프랑스가 알제리를 점령하면서부터였다.

알제리는 1830년부터 프랑스에 의해 식민 지배를 받아오다가 1962년에야 비로소 독립을 쟁취했다. 무려 132년 동안 프랑스의 지배를 받은 것이다.

프랑스의 알제리 식민 지배 방식은 일본과 유사하다. 프랑스는 알제리를 엄청나게 수탈했다. 수많은 알제리인들은 1, 2차 세계대전에 끌려 갔고, 불어 사용을 강요받았으며, 프랑스 신부를 파견해 가톨릭을 전파하고 이슬람교를 탄압했다.

나치 독일이 연합군에 항복했던 1945년 5월 8일, 알제리의 독립을 요구하는 한 젊은이가 프랑스 국기 대신 알제리 국기를 내걸었다가 총에 맞아 죽는 사건이 발생했다. 이 사건이 기폭제가 되어 일어난 폭동에서 프랑스는 수많은 알제리인들을 학살했다.

특히 1954년부터 1962년까지 민족해방전선FLN이 치열하게 투쟁하던 시기(이를 독립전쟁 시기라고 한다)에 프랑스는 알제리인들을 상대로 대량 학살, 투옥, 고문을 자행했다. 그러나 지금까지 프랑스는 알제리인 학살과 식민 지배에 대해 제대로 된 사과와 보상을 하지 않고 있다.*

1910년 중반, 알제리에서 거주한 유럽인의 수는 거의 80만 명에 이르렀고, 특히 독립전쟁 시기에 알제리에 주둔한 프랑스군의 수는 50만 명이 넘었다. 지금도 인구가 4,000만 명도 안 되는 알제리에서 그 당시 80만 명은 상당한 수였고, 이는 일제 강점기 한국에 거주한 일본인 숫자와 맞먹을 정도이다.**

이는 프랑스 입장에서 알제리는 더 이상 약탈하는 땅이라기보다 이미 프랑스 영토로 보고 있었다고 해석할 수 있다. 그 예로 알

---

* 출처 : KDI 경제정보센터 2016년 5월호, 조기창 KOTRA 알제리 무역관장

** 당시 프랑스를 비롯해 유럽에서 건너와 정치경제를 장악하고 있던 사람들을 콜롱Colon이라고 부른다. 알제리 전체 인구의 10퍼센트를 넘게 차지한 코롱은 알제리의 비옥한 토지를 소유하였고 소득 수준은 알제리인의 10배 정도였다.

제리 독립전쟁 말기 즈음, 프랑스 정부가 협상에 나서자 프랑스 대통령 샤를 드 골Charles de Gaulle이 암살당할 뻔했고, 알제리에 주둔해 있던 프랑스군이 쿠데타를 일으켜 단 5일 동안이지만 정권을 잡기도 했다.

삼일절과 알제리의 혁명기념일

그렇다면 이렇게 힘겨웠던 알제리의 독립 과정은 국경일 지정에 어떠한 영향을 미쳤을까?

종교와 정치가 확실히 분리되어 있는 알제리에는 신기하게도 종교적인 공휴일이 많다. 보통 이슬람 문화권 나라에서는 라마단 명절과 희생절만 공휴일로 정해 놓았지만, 알제리에서는 이슬람 달력상의 설날과 같은 종교적인 공휴일이 5개나 있다. 베르베르족인 알제리 사람들은 민족 설날 또한 공휴일로 지정해 놓고 있다.

1월 1일 신년일, 노동절 그리고 종교적인 공휴일을 제외하고 국가 탄생과 관련된 국경일은 2개가 있다. 하나는 프랑스로부터 독립한 1962년 7월 5일을 독립기념일로 지정해 놓았고, 또 하나는 1954년 11월 1일을 기념하기 위한 '혁명기념일'이다.

혁명기념일에서 중요한 것이 '혁명'이라는 단어에 담겨 있는 의미이다. 알제리는 1954년에 혁명을 일으켜서 독립국을 세운 것이 아니다. 그러나 알제리 사람들은 1954년 11월 1일 이후 독립의 길이 열렸다고 여겨 '혁명의 날'로 기억한다. 마치 한국에서 1919년에 일어난 3.1 운동을 독립의 첫걸음으로 여기는 것과 같은 의미이다.

이에 대해 좀 더 알아보기 위해서는 19세기 초의 알제리로 가보자.

알제리에 눈독 들이는 서구 열강들

알제리는 오래 전부터 베르베르족과 아랍-투르크족 그리고 해적과 유럽 왕국 사이에 충돌이 많았던 지역이다.

16세기 초, 히지르hizir라는 투르크족 해적이 세력을 키워 알제리를 점령하고 술탄으로 즉위했다. 오스만 제국의 황제는 지중해에서 스페인 해군과 용감하게 싸운 그에게 '하이렛딘Hayreddin(하나님의 선물이란 뜻)'이라는 이름을 하사했다.

이에 보답하여 그는 알제리를 오스만 제국의 셀림 1세에게 바치며 귀순했고, 셀림 1세의 아들 술레이만 1세 때는 오스만 제국의 해군 제독으로도 활동했다. 이때부터 알제리는 오스만 제국의 지배를 받았다.

지금도 터키 사람들은 투르크족 혹은 이슬람의 승리를 위해 욕심을 버리고 술탄 지위까지 포기한 하이렛딘 파샤를 존경하고 있다.

오스만 제국의 지배하에 300여 년 동안 별 문제없이 지내온 알제리의 운명은 1800년대 초기부터 변하기 시작했다.

터키 사람들이 존경하는 하이렛딘 파샤

19세기 초, 식민지 확장 정책을 활발하게 펼치던 영국과 프랑스는 알제리에게 지중해의 안보를 지키고 바르바리 해적들의 활동을 막으라고 통보했다. 튀니스, 트리폴리, 알제리 항에 근거지를 둔 해적들이 지중해를 통과하는 영국과 다른 유럽 국가의 상선을 나포하여 해당 선적 국가에게 통행료를 징수하는 등 약탈 행위를 일삼았기 때문이다.

해적 때문에 힘든 것은 오스만 제국도 마찬가지였지만 서구 열강의 통보는 의미가 달랐다. 이는 한국을 찾아온 프랑스와 미국 함대의 목적과 비슷했다.

후세인 파샤

알제리의 마지막 도지사인 후세인 파샤는 서구 열강을 알제리에서 내쫓았으나 내부적으로 극복해야 하는 문제가 있었다. 오스만 제국 지배하에 있는 북부 아프리카의 지역군과 사이가 좋지 않았고, 일부 베르베르 부족과도 큰 갈등을 겪고 있었던 것이다.

후세인 파샤의 이러한 모습은 흥선대원군의 모습과 비슷하다. 흥선대원군도 대외적으로는 제국주의 세력이 한반도를 침입하는 것을 막았지만 내부적으로는 당파 파벌 싸움 때문에 사회 통합을 하지 못하고 있었다. 또한 미국과 프랑스를 격파한 그는 서구 열강을 만만하게 보고 군사적으로 큰 개혁을 하지 않았다.

후세인 파샤도 마찬가지였다. 그는 프랑스를 만만하게 봤다. 왜냐하면 프랑스의 정치 상황이 그리 좋지 않았기 때문이다. 당시 프랑스는 혁명 이후 왕정이 무너졌다가 유럽 열강의 힘에 의해 나폴레옹이 쫓겨났고 다시 왕정이 수립된 상태였다. 이러한 환경에서 프랑스 고위 관료들과 군인들은 서로 눈치만 보고 있었다.

알제리를 손쉽게 점령한 프랑스

이때 후세인 파샤는 프랑스에게 프랑스 대혁명 시기에 빌려간 돈을 갚으라고 요구했다. 프랑스가 빚을 안 갚자 후세인 파샤는 프랑스 함대를 납치했다. 문제가 심각해지자 프랑스 왕정은 1827년 대사를 보내 협상에 나섰고, 후세인 파샤는 돈을 갚지 않으려는 프랑스 대사의 태도에 화가 나 장식품으로 들고 있던 파리채로 그 얼굴을 때렸다. 이를 외교적 결례로 여긴 프랑스 왕정은 후세인 파샤에게 사과를 요구했으나 빚도 안 갚는 프랑스에 사과를 할 리가 없었다.

프랑스는 이를 핑계로 알제리 해변에 군대를 정박시키고 전쟁을 벌였다. 그 당시 후세인 파샤 정권에 불만이 많았던 부족들과 동맹을 맺은 프랑스군은 전쟁 3년 만에 알제리를 점령했다.

이 전쟁의 패배로 1830년부터 알제리는 프랑스의 지배를 받게 된다. 알제리 점령 당시 프랑스군의 수는 후세인 파샤의 군대보다 훨씬 많았다. 그러면 왜 오스만 제국은 알제리에 추가 병력을 보내지 않았을까?

그 당시 오스만 제국은 대내외적으로 골치 아픈 상황에 처해 있었다. 내부적으로는 군대 개혁으로 인해 정치적 분열이 일어나고 있었고, 대외적으로는 러시아와 전쟁 중이었으며, 그리스 독립

파리채로 프랑스 대사의 얼굴을 때리는 후세인 파샤

운동과 이집트 도지청의 독립선언 때문에 알제리에 신경쓸 여력
이 없었다. 그 결과 프랑스는 손쉽게 알제리를 점령할 수 있었다.

독립전쟁을 공식적으로 시작하다

프랑스는 후세인 파샤가 다스리고 있던 알제리를 1830년에 점령했지만 부족들과의 싸움이 남아 있었다. 알제리는 프랑스의 식민 지배를 그렇게 쉽게 받아들이지 않았다. 알제리를 점령하고 4년이 지난 1834년이 되어서야 프랑스의 알제리 총독부가 겨우 수립되었을 정도였다.

프랑스는 19세기 내내 알제리에 살고 있던 부족들과 큰 항전을 벌였다. 부족들이 일으킨 항전 중 몇몇 개는 큰 성과를 이루었지만, 결국에는 프랑스군에게 진압당했다. 프랑스의 지배에서 벗어나기 위해서 필요한 것은 부족 단위가 아닌 국민 전체가 움직이는 민족적인 항전이었다. 이를 위해 알제리 사람들은 1차 세계대전을 기다리고 있었다.

1차 세계대전 이후 전 세계에 확산된 민족자결주의가 알제리 사람들에게 영향을 미쳤다. 알제리에서 처음으로 민족주의적인 독립운동을 벌인 사람은 멧살리 하지Messali Hadj이다. 그는 프랑스에서 아프리카 출신 노동자들의 권리를 지키는 '북아프리카의 별Étoile Nord-Africaine'에 참여하면서 정치 활동을 시작했다.

그의 활동은 어느 순간부터 민족주의적인 성격을 갖고 되었고, 1930년대 이후부터는 프랑스 정부에게 핍박을 당했다. 프랑스의 압박에도 불구하고 그는 포기하지 않았고, 2차 세계대전 직후 '민주적 해방의 승리운동Movement for the Triumph of Democratic Liberties, MTLD'을 창당하여 본격적으로 독립운동에 나섰다.

멧살리 하지

민족해방전선 요원들

하지의 독립운동이 온건하다고 생각한 당 조직 청년들은 다른 급진파 세력들과 합당하여 1954년 10월 1일, '민족해방전선Front de Liberation Nationale, FLN'을 창당했다. 이 정당은 당이라기보다 무장 단체의 성격이 강했고, 정치적 투쟁만으로는 프랑스로부터 해방할 수 없다고 판단한 청년들에 의해 수립되었다.

민족해방전선 요원들은 프랑스 총독부를 향한 공격 작전을 조직적으로 계획했다. 그리고 얼마 지나지 않은 11월 1일에 처음으로 무장 충돌을 가했다. 경찰 5명, 시민 2명이 죽은 이 사건은 알제리가 독립전쟁을 공식적으로 시작한다는 신호탄이었다.

알제리 사람들은 건국 이후부터 이날을 독립으로 가는 첫걸음이라고 생각하고 '혁명의 날'로 기념하고 있다.

무장 충돌도 불사한 알제리의 독립운동

그러면 왜 민족해방전선은 무장 충돌을 선택했으며, 비무장 정치적 투쟁을 한 MTLD에서 탈당했을까? 답은 바로 1945년에 벌어진 학살에 담겨져 있다.

2차 세계대전 이후 프랑스군은 말 그대로 알제리 사람들을 학살하고 있었다. 프랑스군이 저지른 가장 대표적인 사건은 1945년 세티프와 겔마에서 일어난 학살이다.

2차 세계대전 때 프랑스와 함께 전쟁에 참전한 알제리 사람들은 승전 행사를 하면서 알제리 국기를 휘날리려고 하다가 프랑스군과 마찰이 일었고 그 마찰은 충돌로 변질되었다. 그 와중에 프랑스 경찰들이 시위자들에게 총을 쏘면서 승전 행진은 학살로 마무리되었다.

프랑스 정부는 이때 죽은 알제리 사람이 1,000여 명이라고 발표했지만 〈라디오 카이로〉에서는 4만 명이 넘는다고 발표했다. 역사학계에서는 2만여 명이 죽었다고 주장한다.

프랑스는 이전까지만 해도 무고한 알제리 사람들을 죽이지 않았다. 그러나 이 사건이 터진 후 특히, 우익 성향이 강한 프랑스 경찰이나 군인들은 재판 없이 의심만으로 많은 알제리 사람들을 죽였다. 특히, 1954년부터 민족해방전선을 중심으로 무장 독립운동이 발생하자 알제리 곳곳에서 학살이 심심찮게 일어났다.

시간이 흘러 1960년대 이후부터는 민족해방전선도 가끔 무고한 시민들을 죽이기도 했다.

한국의 무장 독립운동의 흐름

이러한 알제리의 독립 역사는 한국의 독립 역사와 비슷하기도 하고 다르기도 하다. 가장 큰 차이점은 알제리는 오스만 제국의 영토였다가 프랑스의 식민지가 되었지만, 한국은 일본이 지배하기 전에는 독립국이었다는 사실이다.

그러나 앞에서 살펴보았듯이 프랑스와 일본의 식민 지배 스타일은 비슷했고 특히, 독립기념일이 갖는 상징적인 의미는 두 나라가 매우 비슷하다. 한국과 알제리는 3.1 운동이나 11.1 혁명의 날로 인해 바로 독립한 것은 아니지만 그날을 '독립으로 가는 첫날'로 여기고 경축하고 있다.

3.1 운동이나 혁명의 날 이전에 두 나라가 제국주의와 맞선 무장 충돌이 없었던 것도 아니다. 그러나 그전에는 단체 위주의 무장투쟁이었을 뿐 국민 전체가 가담한 민족적인 투쟁은 아니었다.

한국에서 일본과 맨 처음 군사적 충돌이 일어난 해는 1895년이다. '을미의병'이라고 부르는 이 사건은 조선 왕조에 속한 일부 전직 군인들이 동학 운동에서 살아남은 일부 민병들과 함께 친일 관리와 일본인을 죽이려고 했던 사건이다. 을미의병으로 입장이 곤란해진 고종이 이들에게 해산을 권고했고, 이들은 스스로 조직을 해산했다.

1907년 일본 제국주의에 맞서 무장한 정미의병

1905년에는 을미의병보다 더 강력한 무장투쟁이 일어났다. 그해 을사조약으로 한국의 외교권이 박탈당하자 전직 군인들의 주도로 평민들이 함께 참여해 의병 활동에 나선 것이다. 이들은 을미의병에 비해 훨씬 조직적으로 활동했으나 신무기와 신기술을 앞세운 일본군에게 그리 오래 버티지 못하고 사라졌다.

3.1 운동 전에 그나마 영향을 미친 무장투쟁운동은 '정미의병'이다. 1907년 정미조약으로 대한제국의 군부가 해체되자 이에 반발한 대한제국의 군인들이 의병 활동에 나섰다.

처음에는 지역별로 활동하다가 연합을 해서 13도 창의군을 만들었다. 1909년 일본이 남한 대토벌 작전에 나설 정도로 정미의병의 파급력은 상당했다. 그러나 정미의병도 일제의 진압에 오래 견디지 못했다.

1909년 10월 26일, 안중근 의사가 이토 히로부미 총독을 제거하자 일본은 대한제국을 강제로 합병시켰다. 이를 계기로 의병들은

안중근 의사

한반도를 떠나 만주나 연해주 지역으로 거처를 옮겼다.

본격적인 한국의 무장투쟁운동은 사실상 3.1 운동 이후 중국에 대한민국 임시정부가 생기면서 시작됐다고 볼 수 있다.

중국 총통 장제스의 제안으로 대한민국 임시정부는 다양한 이름으로 곳곳에서 활동하고 있는 독립군들을 통합하려고 했다. 일단 대한민국 임시정부에서 여당으로 활동한 한국독립당이 당군으로 자체적인 무장 단체를 만든 다음 1940년 9월 17일, 성립전례식을 해서 '한국광복군'을 결성했다.

여기서 살펴봐야 할 인물이 한 명 있다. 바로 한국광복군의 군

사적 지도자인 '이범석 장군'이다.

그는 조선 왕조 이씨 왕가 출신인 이문하의 아들이다. 집안의
노비들을 모두 해방시킬 만큼 일찍이 개화사상을 받아들인 아버
지 밑에서 자란 이범석은 어린 나이에 독립운동에 가담했고, 중국
으로 유학을 가 중국군 정규사관학교인 운남 육군강무학교에 입
학했다. 여기서 수석으로 졸업한 그는 중국군 안에서 활동했다.

이러한 군사적인 경력과 중국군과의 관계로 자연스럽게 광복군
의 지도자로 부상한 이범석 장군은 대한민국 수립 이후에도 국방
부와 내무부 장관으로 맹활약했다.

한국의 독립 역사와 대한민국 정부 수립 과정에서 주로 언급되
는 인물은 이승만 대통령과 김구 선생이지만, 그들만큼 잘 알려져
있지 않을지라도 대한민국 수립에 큰 영향을 미친 인물이 이범석
장군이라고 생각한다.

한국의 광복군과 알제리의 민족해방전선

광복군이 생겼다고 해서 대한민국 독립을 위해 싸우는 무장 단
체들이 모두 다 통일된 것은 아니었다. 공산주의를 내세운 단체들
도 있었고 우파적 성격을 띤 작은 무장 단체들도 존재했다.

한국광복군

이범석 장군

이는 마치 알제리 독립전쟁의 양상과 비슷하다. 알제리 역시 민족해방전선이 생겼다고 해서 모든 무장 단체들이 통일된 것이 아니고 독립적으로 활동한 작은 단체들이 있었다. 그러나 프랑스 정부는 민족해방전선을 상대로 협상에 나섰고, 알제리는 민족해방전선을 중심으로 오늘날의 알제리를 건국하게 되었다.

바로 이 점에서 한국의 광복군과 알제리의 민족해방전선은 차이가 난다. 대한민국 임시정부의 활동으로 1948년 자유민주주의 노선을 내세운 대한민국 정부가 수립될 수 있는 분위기가 형성되었다고 볼 수 있으나 알제리의 민족해방전선과는 달리 광복군의 활동이 직접적으로 대한민국의 독립에 영향을 미친 것은 아니기 때문이다.

또한 규모 면에서도 차이가 난다. 광복군으로 활동한 한국의 독립군은 1,000명도 안 되었지만, 민족해방전선에서 활동한 알제리 독립군의 수는 수천 명이 넘었다.

물론 일본의 식민 지배가 영원하지는 않았을 것이다. 1945년 미소 연합군에게 패배당하지 않았어도 일본은 언젠가 팽창 정책으로 점령한 아시아 태평양 지역의 식민지에서 민족주의 및 사회주의 무장단체들과 싸우다가 지쳤을 것이다. 프랑스가 1950년대 중반 이후부터 각 식민지에서 발발한 독립운동을 막지 않고 식민지들을 독립시킨 것처럼 말이다.

한국 광복군과 알제리 민족해방전선의 가장 본질적인 차이는 군사 작전에 있다. 한국 광복군은 무고한 일본 시민은커녕 경찰이나 하급 군인들을 상대로 무력을 행사하지 않았지만, 알제리의 민족해방전선은 그렇지 않았다. 프랑스가 알제리에서 일으킨 학살과 비교할 수는 없지만 민족해방전선의 무고한 시민 학살은 실제로 일어났고 이는 결국 알제리 독립 역사에 오점을 남겼다.

독립에 핵심적인
역할을 한 청년 세대

― 인도네시아 ―

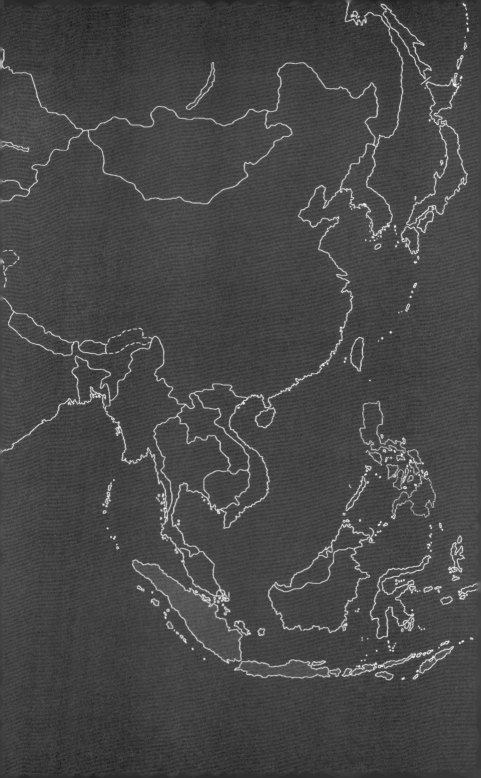

네덜란드의 식민 지배를 받은 인도네시아

청년 세대는 정치사상에서, 종교 공동체에서 그리고 사회단체에서 무시할 수 없는 계층이다. 각 나라의 독립 역사에 있어서도 청년들의 큰 활약을 했다. 독립 과정에서 청년들이 세운 공로를 살펴보면 한국과 인도네시아가 비슷한 모습을 보인다.

먼저 인도네시아의 식민지 과정과 독립운동 초기의 모습을 살펴보자.

인도네시아 역시 필리핀처럼 하나의 통일된 나라가 아니었다. 현재 인도네시아라고 통칭되는 섬에는 예전부터 많은 술탄국들이 있었다.

동남아시아 지역에 처음 식민지를 만든 유럽 국가는 포르투갈이다. 포르투갈은 현재 말레이시아에 있는 믈라카를 점령하면서 동남아시아 지역의 첫 식민지로 만들었다.

포르투갈이 인도네시아를 식민 지배하기 시작하자 영국은 물론 프랑스와 네덜란드도 이 지역에 와서 식민지 활동을 하려고 했다. 영국은 현재 말레이시아가 있는 지역으로 향했고, 네덜란드 해군과 사업가들은 자야카르타(지금 인도네시아의 수도인 자카르타)를 점령해서 '바타비아'라는 행정 도시를 만들었다.

인도네시아에서 활동한 초기 네덜란드 사업가들은 영토를 확대하는 차원에서 아체 술탄국*과 몇 차례 전쟁을 치렀다. 그 후 모든 사업가들의 힘을 합쳐 네덜란드 동인도 회사Dutch East India Company라는 통일된 조직을 만들었다.

네덜란드 동인도 회사는 네덜란드가 동남아시아의 향료 무역을 독점하기 위해 설립한 무역 회사이면서 네덜란드가 인도양 지역에서 식민지 활동을 하는 데 기반이 된 중요 기관이 되었다. 이 회사의 본부는 암스테르담에 있었지만 총독정청은 바타비아에 있었다.

1800년대 네덜란드 동인도 회사는 현재 인도네시아 영토의 절반 정도를 식민지화했으나 그 과정이 순탄하지만은 않았다. 다른

---

* 16~17세기에 현재의 인도네시아 수마트라 섬 아체 주에 위치했던 나라이다.

서구 열강들이 인도네시아에 욕심을 내 이미 네덜란드가 차지하고 있던 지역에 침략해 오기도 했고, 인도네시아 내에서도 술탄국들이 네덜란드군을 공격했기 때문이었다.

그러나 1800년대 이후부터는 네덜란드의 식민지 활동이 쉬워졌다. 프랑스 혁명 이후 등장한 나폴레옹이 유럽을 난장판으로 만들었고, 나폴레옹이 몰락한 이후 유럽 국가들은 평화를 구축하기 위한 협상을 했기 때문이다.

이 협상에서 그들은 식민지 분할에 합의하고 더 이상 유럽 열강끼리 식민지를 사이에 두고 전쟁을 벌이지 않기로 했다. 1824년 체결된 런던조약에 따라 네덜란드는 영국으로부터 인도네시아 지배권을 승인받았다.

네덜란드는 인도네시아를 넘보는 다른 서구 열강에 더 이상 신경을 쓰지 않아도 되었고, 인도네시아 술탄국만 쓰면 되었다.

인도네시아에 불어온 민족주의 바람

20세기 초, 네덜란드는 드디어 이 지역에 있는 작은 국가들을 대부분 흡수했다. 그러나 20세기 이후부터 동남아시아까지 불어온 민족주의 바람이 인도네시아에서도 느껴지기 시작했다. 그때

인도네시아에서 처음으로 열린 인민의회

까지만 하더라도 지역별로 네덜란드에 저항하던 인도네시아 사람들은 하나의 통일된 국민으로서 투쟁에 나섰다.

네덜란드는 300년 넘게 인도네시아를 식민 지배하면서 자원을 수탈해 갔으나 민주주의 사상에 영향을 받은 후 네덜란드 정부는 인도네시아 식민 정책의 방향을 바꾸기 시작했다.

1901년 이후 '도덕정책'이라는 이름으로 시행된 정책에 따라 인도네시아 총독부는 인도네시아에 학교를 세워 현대적인 초·중등 교육을 확산시켰고, 기술적인 전문학교들도 연이어 세우면서 인도네시아에 필요한 공무원과 기술자 등 인력 문제를 해결했다.

네덜란드의 착한 정책들은 인도네시아 정치에도 영향을 미쳤다. 1918년 즈음 총독부의 승인하에 열린 인민의회Volkstraad는 인도네시아의 민족주의 감정을 가라앉게 만들기는커녕 민족주의 바람이 더 강하게 불도록 만들었다.

민족성이나 언어 그리고 기타 요인으로 인해 따로 살고 있던 사람들에게 이제 같은 '인도네시아인'이라는 의식이 생기기 시작했다.

정치 이념으로 인도네시아를 통합한 아크멧 수카르노

인도네시아의 독립운동이라고 하면 가장 먼저 눈에 띄는 단체가 1908년에 생긴 '부디 우토모Budi Utomo(숭고한 노력)'이다. 이 단체는 인도네시아 지식인들이 모여 문화·학술적인 주제에 대해 논의하고 인도네시아식 현대화를 추구하는 민족주의 색채를 지닌 공동체였다.

초창기 부디 우토모는 대중 교육을 주요 활동 목표로 계몽운동을 벌였고, 이후에는 경제적 부를 창출할 수 있는 사업 운영으로 영역을 확장했다. 그러나 비정치적인 영역에서 활동을 하던 부디 우토모는 시간이 흐르면서 정치적 기구로 변모해 갔고, 이슬람을 바탕으로 한 종교 활동과 공산주의를 이념으로 하는 정치 활

동도 했다.[*]

이 두 활동은 잠깐 동안 호응을 받았지만 1930년대가 되면서 한계가 여실히 나타났다. 왜냐하면 인도네시아를 하나로 통합하려면 특정 종교나 정치 이념이 아닌 국민을 하나로 묶을 수 있는 공통의 가치관이 필요했기 때문이다.

1920년대 중반, 인도네시아인들 사이에서는 이슬람, 마르크스주의, 민족주의 세 요소가 독립을 위해 하나가 되어야 한다는 생각이 확산되었다.

결국 1920년대 말, 인도네시아 초대 대통령인 아크멧 수카르노 Achmed Sukarno가 인도네시아 국민당Partai Nasional Indonesia, PNI을 창당했다. 이 정당은 인도네시아의 정치적 독립을 추구하는 민족주의 정당으로, 민족성이나 종교와 상관없이 인도네시아 국민들을 하나로 묶는 이념적으로 유일한 정치 세력이 되었다.

수카르노의 과거를 보면 PNI의 특성을 알 수 있다. 청년 시절,

---

[*] 1911년에는 인도네시아 최초의 대중 정당이라고 할 수 있는 '무슬림상인연합'이 도시의 상인 계급에 의해 만들어졌다. 1912년 '이슬람연합(이슬람연맹)'으로 이름을 바꾼 이 조직은 근대화된 이슬람교운동에 의해 급속하게 성장했다. 그러나 1917년 공산주의자들이 침투하여 노동자와 농민을 조직화하고 식민 통치에 대해 공격하자 창립의 주역인 상인과 중소기업가들은 조직을 떠났다. 게다가 1920년 공산주의자들이 '인도공산당'을 조직하자 이슬람연합은 조직 내 공산당원들을 축출했다. 추방된 공산주의자들은 1927년 서부 자바와 수마트라에서 혁명을 기도했으나 실패로 끝나고 말았다. 이후 공산당 활동은 금지되어 1945년까지 공산주의자 운동은 자취를 감추었다.(출처 : 양승윤 편저(2010), 《인도네시아사》, 한국외국어대학교 출판부)

독립을 위해 공통된 가치관의 필요성을 느낀 아크멧 수카르노는 PNI를 창당했다.

그는 자기 민족의 언어인 자와어를 비롯해 순다어, 발리어, 아랍어, 네덜란드어, 영어, 불어, 독일어, 일본어까지 배웠다. 또한 민족주의자, 술탄파를 포함해 공산주의자들까지 웬만한 정치 집단들과 모두 접촉했다.

이처럼 다양한 경험을 한 수카르노는 1927년 대학을 졸업하자마자 PNI를 창당하여 정치에 입성했다. 단기간에 인도네시아 전역의 지지를 받은 수카르노의 PNI는 다른 정당과 달리 오직 인도네시아 독립만을 목표로 세우고 정치적인 투쟁을 하려고 했다.

그러나 독립을 추구하는 투쟁이 활발해지자 네덜란드 총독부는 PNI를 해산시키고 수카르노를 비롯해 정당의 유력한 인사들을 체포했다.

일본에 의해 네덜란드로부터 독립한 인도네시아

네덜란드 총독부가 독립운동가들을 투옥시키고 독립운동을 탄압하던 시기에 2차 세계대전이 발발했다. 먼 섬으로 유배를 간 수카르노와 모하마드 하타M. Hatta를 비롯한 독립운동가들에게 이는 하나의 기회가 되었다.

연합국에게 전쟁 선포를 한 일본이 연합국과 동맹을 맺은 네덜란드에게 선전 포고를 했고, 1942년 인도네시아 섬 전체를 점령한 일본군은 민족주의자와 종교 지도자들을 모두 석방했다. 수카르노는 물론 많은 유력 인사들이 인도네시아 독립의 대가로 일본에 협력한다는 약속을 했다.

처음부터 일본이 인도네시아를 자유국가로 만들 생각은 아니었을 것이다. 인도네시아를 점령하던 그 시기에 일본은 태평양전쟁을 하고 있었기 때문에 전쟁에 보급할 인원과 물자가 많이 필요했다. 이에 일본은 인도네시아 사람들을 전쟁에 동원하기 위해 인도

아크멧 수카르노   모하마드 하타

네시아인 군대를 조직할 기회를 제공하고, 조국방위대, 보충대, 청
년단, 알라의 군대 등 각종 조직을 만들어 자원을 수탈했으며 일
본 제국에의 동화정책을 펼쳤다.

　　그러나 수타르타와 하타는 일본이 만든 조직을 이용해 인도네
시아 민족주의와 독립 의식을 대중들에게 교육시켰고, 일본 패
망의 기운이 역력해지자 인도네시아 독립준비위원회Panitia Persiapan

인도네시아 군대의 씨앗이 된 조국보위군

Kemerdekaan Indonesia, PPKI를 구성하여 지도자로 부상하기에 이른다.[*]

독립준비위원회는 앞으로 탄생할 인도네시아 공화국의 출발점이었고, 일본이 6만 인도네시아 청년을 군사 훈련시키기 위해 만든 조국보위군Pembela Tanah Air, Peta은 인도네시아 군대의 씨앗이 되었다.

삶이라는 것이 이렇게 신기하다. 한쪽에서 부정적인 효과를 준

---

[*] 출처 : 동북아역사넷 http://contents.nahf.or.kr/, 인도네시아 민족주의와 독립운동

하나의 동작이 또 다른 한쪽에서 긍정적인 효과를 한다. 한국의 해방을 막는 일본이 인도네시아를 자유국가로 만드는 데 핵심적인 역할을 했으니 말이다.

청년들의 강요로 선포된 인도네시아의 독립선언

일본이 연합군에 항복한 이틀 후인 1945년 8월 17일, 인도네시아 독립준비위원회는 '인도네시아 합중국'을 선포한다.

이 과정에는 숨은 사연이 있다.

8월 15일, 일본이 항복을 선언했지만 이 소식은 인도네시아에 다다르지 않았다. 수카르노는 일본이 정말 항복했는지, 그 시기의 독립선언이 대규모 유혈 사태를 불러오는 것은 아닐지, 제대로 준비되지 않은 상황에서 독립선언으로 인해 오히려 돌이킬 수 없는 파국이 닥쳐오지는 않을지 등등을 우려하며 우유부단한 태도를 보였다.

아직 일본의 항복 선언이 확인되지 않는 상태에서 수카르노는 일본군 총독부를 방문했다. 그곳은 비워져 있었고 아무도 없었다.

한편, 일제에 협력한 수카르노나 하타와는 달리 일제강점기 당시 일본에 대한 지하 투쟁으로 일관했던 수탄 샤리르Sutan Sjahrir와

지하 투쟁으로 독립운동을 펼친 수탄 샤리르

청년 투사들은 일본이 선심을 베풀어 인도네시아의 독립을 허락하는 형태가 되는 것을 극렬히 거부했다.

샤리르는 수카르노와 하타가 당장 독립선언을 해야 한다고 촉구했다. 일본이 언제 연합군에게 항복할지 모르는 상황에서 어정쩡한 상황이 길어져 인도네시아 민족주의의 보루가 친일과 반일로 분열되지 않으려면 조속히 독립선언을 해야 한다고 생각했다.

인도네시아의 많은 청년들이 수카르노를 비롯해 독립운동 수뇌부들에게 빨리 독립선언을 하라고 압박했지만 원로 독립운동가들과 수카르노는 이들의 요구를 거절했다.

수카르노는 독립준비위원회의 수장이었고 인도네시아 독립에 대한 전권을 부여받은 사람이었다. 그에게 있어 독립은 인도네시아를 서방, 특히 네덜란드로부터 보호해야 하는 것일 뿐 아니라 수카르노 자신을 포함해 일본에 부역했던 사람들의 안위를 머지 않아 진주해 올 연합군들 특히, 네덜란드군으로부터 보호해 줄 수 있는 것이어야 했다.* 청년들의 혈기에 휘둘릴 수 있는 사안이 아니었던 것이다.

8월 16일 아침, 원로들의 결정을 기다릴 수 없었던 청년들은 수카르노와 훗날 부통령이 된 하타를 납치해 독립선언를 강요했다. 더 이상 청년들의 압박을 견디지 못한 수카르노와 하타는 8월 17일 아침, 드디어 인도네시아의 독립을 선포했다.

보통 다른 나라의 경우를 보면, 독립선언문은 민족자긍심을 드높이는 말로 가득차게 마련인데 인도네시아의 독립선언문은 단 두 문장으로 되어 있다.

---

*   출처 : 인도웹(http://www.indoweb.org), 인도네시아 독립선언

PROKLAMASI

선언문

KAMI BANGSA INDONESIA DENGAN INI MENYATAKAN KE-
MERDEKAAN INDONESIA.

우리 인도네시아의 민족은 이로써 인도네시아의 독립을 선포한다.

HAL-HAL YANG MENGENAI PEMINDAHAN KEKUASAAN DAN
LAIN-LAIN DISELENGGARAKAN DENGAN CARA SAKSAMA DAN
DALAM TEMPO YANG SESINGKAT-SINGKATNYA.

주권의 인도와 기타 사안들은 세심한 방식으로 가장 빠른 시간 내에
집행될 것이다.

DJAKARTA, 17 AGUSTUS 1945

1945년 8월 17일 자카르타에서

ATAS NAMA BANGSA INDONESIA.

인도네시아 민족의 이름으로

SOEKARNO-HATTA.

수까르노 - 하타

실질적인 인도네시아의 독립전쟁

수카르노의 예상대로 인도네시아가 독립선언한 지 얼마 되지 않아 네덜란드군이 다시 인도네시아를 찾았다. 네덜란드는 인도네시아의 독립선언이 무효라고 주장했다.

이들은 독립 정부를 무너뜨리기 위해 예전에 자치권을 인정해 줬던 인도네시아 일부 지역의 작은 술탄국들에게 지원 요청을 했다. 네덜란드의 제안은 술탄국들에게도 좋은 기회였다. 수카르노 정부가 들어서면서 술탄제 세습이 무너질까 봐 걱정하고 있었기 때문이다.

그러나 상황은 네덜란드의 뜻대로 움직이지 않았다. 공화국의 독립운동가들이 이들과 접촉하여 술탄의 권력을 인정하겠다고 약속하면서 네덜란드는 인도네시아와의 전면전을 피할 수 없었다.

사실상 인도네시아의 독립전쟁은 이때부터 시작이었다. 네덜란드와 4년에 걸쳐 벌인 독립전쟁 끝에 1949년 드디어 네덜란드가 인도네시아의 독립을 인정했고 인도네시아 합중국이 출범하게 되었다.

1950년에 인도네시아 합중국의 국명을 '인도네시아 공화국'으로 바꿨으나 아직도 통일하지 못한 일부 영토들이 있었고, 그 영토에는 지역적인 단독 정부들이 수립되어 있던 상황이었다. 오늘

날과 같은 인도네시아 공화국은 1963년이 되어서야 설립되었다.

1945년 청년 투사들의 압박이 없었다면 인도네시아가 독립하는 데 많은 장애물이 생겼거나 지금과 같은 인도네시아로 통일되지 않았을 수도 있다. 일본군이 철수하고 네덜란드군이 올 때까지 얼마 되지 않았던 그 기간에 독립선언을 하지 않았다면 인도네시아 국민들을 조직화하기 어려울 수도 있었기 때문이다.

다양한 종교가 있고 여러 인종이 사는 커다란 지역에서 하나의 통일된 국가를 건국하는 일은 쉬운 일이 아니다. 네덜란드와의 전쟁도 4년이 걸렸고, 분리운동을 한 지역들을 통일시키는 데도 거의 15년이 걸린 것을 감안해 보면, 1945년 8월 17일 인도네시아 청년들이 수카르노를 압박하여 선언한 독립은 가히 신의 한수라고 할 만하다.

인도네시아 공휴일을 살펴보면 그날이 얼마나 중요한지 알 수 있다. 인도네시아의 공휴일은 다른 나라보다 많다. 왜냐하면 인도네시아는 종교가 다양하기 때문이다.

수카르노 대통령은 1945년 인도네시아의 여러 군대를 하나로 통합하기 위해 '판차실라Pancasila'를 공포했다. 이는 인도네시아의 국가 기본 사상으로 다음과 같다.

- 일신교 신앙
- 정의와 문화적인 인간성
- 인도네시아의 단결
- 합의제와 대의제를 통한 민주주의의 지혜로운 길잡이
- 인도네시아 국민에 대한 사회 정의

이 사상에 따라 인도네시아는 한국처럼 국교가 없는 것도 아니고, 이란이나 사우디아라비아처럼 단일 종교가 국교로 지정되어 있지 않다. 인도네시아 국교는 국민 대다수가 믿는 이슬람과 함께 기독교, 불교, 힌두교, 유교 그리고 토착종교들이다. 그러다 보니

웬만한 종교의 명절이 공휴일이다.

그 수많은 공휴일 중 국경일은 딱 2개밖에 없다. 하나는 국가 기본 사상이 선포된 6월 1일을 '판차실라의 날'로 정하고 2017년부터 공식적으로 경축하고 있으며, 또 다른 국경일은 '독립기념일'로 인도네시아가 건국된 후 매년 8월 17일에 경축하고 있다.

대한민국 청년들에 의해 선포된 독립선언

독립 과정에서 신의 한수를 둔 인도네시아 청년들의 모습은 1919년 대한민국 청년들에게서도 찾아볼 수 있다.

1919년 2월의 한국으로 돌아가 보자.

1차 세계대전 후 열린 파리 강화회담에 여운형, 신규식 등 중국에서 활동하던 독립운동가들은 느낀 바가 컸다. 그래서 이들은 독립선언과 대중화된 독립운동이 한국 안에서 벌어져야 국제 사회에 지지를 받을 수 있다고 주장하며 국내 독립운동가들과 접촉하여 범국민적인 독립운동을 모의했다.

1919년 2월 초, 독립선언이 몇 차례 선포되었지만 대중화된 것은 없었다. 이에 독립운동가들은 보다 대중적인 독립운동을 벌이고자 계획했다. 원래 계획은 민족 대표 33인이 탑골공원에서 독

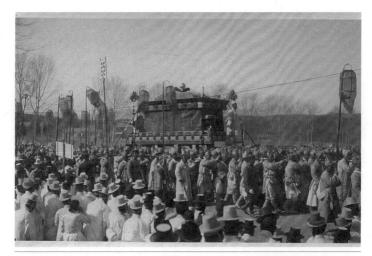

고종 황제 장례식에 모인 사람들

립선언을 낭독한 후 이미 출간된 3만 5,000부의 독립선언서를 뿌리는 것이었다.

그즈음 민족 대표 33인과는 별개로 여러 청년 단체의 학생 지도자들이 독립운동 전개에 대해서 지속적으로 논의하고 있었다. 이들은 어느 순간부터 민족 대표 33인과 접촉하게 되었다. 이 과정에서 학생 지도자들은 이들에게 독립선언서를 받았고, 독립선언 후 그것을 사람들에게 배포하는 역할을 맡았다.

지금부터 풀어 놓을 3.1 독립선언서에 관한 이야기에서 눈여겨

3.1 운동 당시 학생 지도자였던 강기덕　　민족대표 33인 대신 팔각정에서
독립선언서를 낭독한 정재용

볼 인물이 있는데, 바로 보성 법률상업학교의 강기덕이다.

　민족 대표 33인과 학생 지도자들의 독립선언 계획은 착착 실행
되고 있었으나 나라 안 상황은 그렇지 않았다. 고종 황제가 암살
되었다는 소문으로 경성에는 긴장감이 감돌았다.

　1919년 2월 28일, 손병희 집으로 모인 민족 대표들은 기존의 계
획대로 진행하기 어렵다고 판단하여 독립선언의 형태를 바꾸자고
논의했다. 이들 중 일부는 학생들과 함께 탑골공원에서 시위운동
을 하는 것보다 예식을 치르면서 독립선언을 하자고 주장했다. 왜

냐하면 시위가 일어나면서 소요 사태가 일어날 가능성이 컸기 때문이다. 많은 고민 끝에 민족 대표 33인은 탑골공원이 아닌 태화관에서 독립선언을 하기로 결정했다.

고종의 장례식과 독립선언 소식으로 이미 경성에는 사람들이 넘쳐났고, 특히 탑골공원에는 수많은 인파가 민족 대표들을 기다리고 있었다.

약속 시간 2시가 지났지만 민족 대표 중 누구도 탑골공원에 나타나지 않았다. 이때 학생 지도자 강기덕이 태화관으로 민족 대표들을 찾아갔다. 그들은 이미 그곳에서 독립선언을 할 준비를 하고 있었고, 이 모습을 본 강기덕은 민족 대표들에게 강력하게 항의하며 탑골공원으로 나가자고 요구했으나 거절당했다.

혼자서 공원으로 돌아온 그는 다른 학생 대표들과 상황을 공유하고 탑골공원에서 공개적인 독립선언을 하기로 결정했다.

그리고 경신학교 출신 정재용이 팔각정에 올라가 독립선언서를 낭독했다.

독립만세운동을 대중화시킨 청년들

일본 경찰들에 의해 태화관에 있는 민족 대표들이 체포되는 동안 탑골공원에서는 학생들이 공개적으로 독립선언을 하고 독립만세운동이 벌어졌다. 탑골공원에서 시작된 독립만세운동은 순식간에 서울 종로 곳곳으로 퍼져 갔다.

나는 민족 대표들이 독립선언의 장소를 탑골공원에서 태화관으로 바꾼 결정을 이해한다.

종교인이었던 그들은 비폭력을 추구하는 사람들로, 유혈 사태를 최대한 피하려고 했을 것이다. 그런 그들에게 독립선언 장소를 변경한 것은 합리적인 선택이다.

3.1 운동이 일어나면서 민족 대표들 중에는 투옥되거나 고문당한 사람들도 많았다. 이러한 면에서 그들의 공을 무시하면 안 된다.

또한 그동안 대한민국 독립운동사에서 언급되지 않고 간과되었던 사람들도 함께 기억해야 한다. 그 당시 탑골공원에 모인 이름도 알 수 없는 젊은 독립운동가들 말이다.

당시 학생들이 태화관에서 소극적으로 발표한 독립선언서를 탑골공원에서 공개적으로 낭독하지 않았다면 독립만세운동이 이 정도로 커졌을까?

이런 면에서 인도네시아와 대한민국의 젊은이들이 독립운동에 세운 공은 매우 유사하다고 볼 수 있다.

3.1 운동 시위 현장에 도착한 일본 군인

3.1 운동 당시 시위 현장

식민 지배의
아픔을 기억하다

― 나미비아 ―

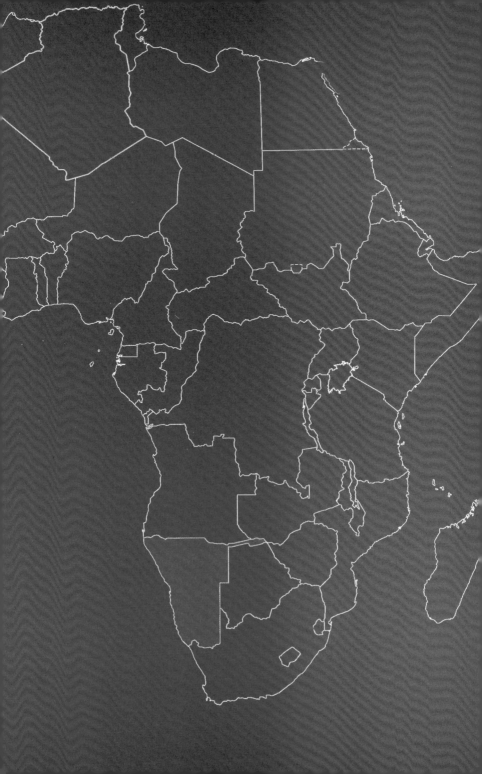

국경일을 통해 기억하고자 하는 것들

세계 독립의 역사를 공부하다 보니 국경일의 중요성을 재확인 했다. 사람들이 모두 함께 어떤 사건을 기억하고 기념하면 같은 나라의 국민으로서 애국심이 강해진다.

대부분의 국가에서 독립기념일은 국경일로 지정해 놓았다. 보통 공휴일은 경축할 만한 어떤 사건을 기념하기 위해 만들어 놓았지만, 애도를 표할 사건을 기억하기 위해 만든 날도 있다.

그 예로, 아제르바이잔에서는 1990년 1월 20일의 학살을 기억하고 있고*, 에리트레아에서는 1990년 2월 10일에 일어난 에티오피아 펜킬 군사 작전을 잊지 않는다.** 이들 나라에서는 그날을 공휴일로 정해 애도하고 있다.

또한 독립하는 과정에서 발생한 끔찍한 사건을 잊지 않고 기억하기 위해 공휴일로 정해 놓은 나라도 있다. 그중에서 나미비아는 가장 억울한 사연을 가진 나라이다.

독일의 차별적 지배를 받은 나미비아

나미비아는 아프리카 대륙에서 가장 늦게 독립한 국가 중 하나이다. 1883년부터 1915년까지는 독일 제국의 식민 지배를 받았으며, 1990년 3월 21일에 남아프리카공화국으로부터 독립했다.

---

* 1990년 1월 19일과 20일에 일어난 '검은 1월' 사건을 말하는 것으로, 아제르바이잔의 수도 바쿠에서 민주화를 요구하면서 시위가 일어나자 아제르바이잔 소비에트 사회주의 공화국과 소비에트 연방 군대가 출동해 많은 사람들을 죽이고 체포한 사건이다.

** 1952년 유엔은 동아프리카 홍해 연안에 있는 에리트레아를 에티오피아에 병합하기로 결정했으나 1960년대부터 에리트레아 자유전선과 에리트레아 인민해방전선 등의 주도로 무장 독립투쟁이 시작되었다. 독립전쟁은 계속되었으나 1980년대 말부터 소비에트 연방의 지원과 물자 공급이 중단되자 에티오피아 군대의 사기는 곤두박질쳤고, 에리트레아 인민해방전선은 1991년 5월 수도 아스라마를 탈환한 뒤 에리트레아 독립 임시정부를 구성하고 1993년 5월 24일에 독립을 선포한다.

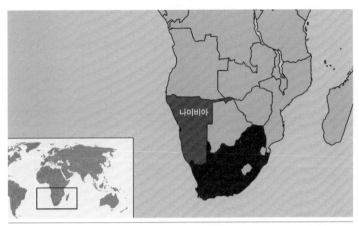

나미비아 위치

독립 전 나미비아의 이름은 '남서아프리카'였다. 나미비아는 아
프리카에서 가장 늦게까지 부족 국가 형태로 사람들이 살고 있었
다. 나미비아의 건조한 땅에는 부시먼족, 다마라족, 나마족이 오래
전부터 거주하고 있었으며, 약 14세기부터 반투족이 정착했다. 왕
국이나 도시 국가로 발전하지 못했던 탓에 1880년대 독일이 이곳
을 식민지로 만들 때 각 부족들과 협상을 했다.

식민 지배 초창기에는 나미비아 원주민들과 서양인들의 생활
공간이 달라 큰 문제가 발생하지 않았다. 그러나 시간이 갈수록
독일의 차별적인 경제 정책 때문에 원주민들이 종종 반란을 일으

켰고, 그 결과 독일은 나미비아 원주민들을 학살하기에 이르렀다.

1915년 1차 세계대전에서 패배하면서 독일은 나미비아 식민 지배권을 잃었다. 독일이 물러간 후 나미비아는 남아프리카공화국에 의해 지배당했다.

여기서 잠시 남아프리카공화국에 대해 간단히 알아보고 가야 한다.

아프리카 지역의 대장이 된 남아프리카공화국

남아프리카공화국을 차지하기 위해 처음 이곳에 온 서양인은 주로 네덜란드인들로 1800년대 초기까지 남부 아프리카를 통치했다. 이후 영국계 이민자들의 수가 늘어나 이곳에 영국 식민지를 세우려고 했다.

영국계와 네덜란드계 이민자*들의 경쟁은 전쟁을 불러왔다. 1차 보어전쟁(1880~1881)과 2차 보어전쟁(1899~1902)이 그것이다. 이 전쟁에서 네덜란드계 이민자들이 패배하면서 이들은 북쪽으로 밀려났고 남부 아프리카는 완전히 영국의 지배하에 들어갔다.

---

* '농부'라는 뜻으로 스스로 보어인이라고 지칭했다.

남부 아프리카 통치를 놓고 영국계 이민자들과 전쟁을 벌인 보어인들

　남아프리카공화국은 아프리카 대륙에서 유럽계 백인들에 의해 독립한 유일한 나라이다. 1909년 영국 의회에서 남아프리카법이 통과되었고, 1년 후인 1910년 '남아프리카 연방'이라는 이름으로 독립했다.

　남아프리카 연방 초기에는 영국계 이주민들이 정권을 잡았지만, 2차 세계대전 이후 민주적인 절차를 통해 네덜란드계 이주민에게 정권이 넘어갔다. 특히, 1948년 총선에서 보어인이 다수를 차

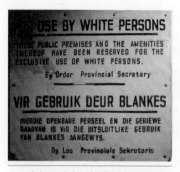

아파르트헤이트 정책을 적어 놓은 표지판

지하고 있는 재통일 국민당 Reunited National이 정권을 잡으면서 영국과의 관계가 악화되었다. 그 결과 1961년 백인들만 국민투표를 실시하여 공화국을 선포하고, 영국 연방에서 탈퇴했다.

1948년 남아프리카공화국에서 '아파르트헤이트Apartheid'라는 유색 인종 차별 정책이 통과되었고, 이로 인해 남아프리카공화국은 다른 나라의 백인들에게 왕따를 당하는 나라가 되어 버렸다.

다시 나미비아 이야기로 돌아가 보자.

남아프리카공화국은 독일과의 전쟁에서 승리해 나미비아 지역을 점령했다. 1차 세계대전 때 생긴 국제연맹은 1921년 나미비아를 남아프리카공화국을 통해 신탁 통치하겠다고 결정했고, 처음에는 큰 문제없이 진행되었다.

그러나 2차 세계대전 이후 창설된 유엔이 1946년에 남아프리카공화국에게 나미비아 신탁 통치를 빠른 시일 내에 마무리하라고 경고했다. 물론 남아프리카공화국은 이 경고를 받아들일 생각이 없었고 오히려 나미비아를 자기네 영토라고 주장했다.

남아프리카공화국 정부는 1948년에 새로 형성된 국회에서 나미비아를 위한 6개의 의석까지 마련했다. 이때부터 유엔과 남아프리카공화국은 나미비아 문제를 두고 싸우게 된다.

반反남아프리카공화국 감정이 커진 나미비아

독일의 식민지가 되기 전 부족끼리 모여 살던 나미비아의 원주민들은 신탁 통치 기간 동안 이루어진 교육 덕분에 인권, 노동운동, 시민의식, 민주주의 같은 현대적인 가치관을 받아들인 상황이었다. 또한 나미비아에 거주하는 백인 중에는 남아프리카공화국의 아파르트헤이트 정책에 반대하는 사람들도 많았다.

이 시기에 발효된 아파르트헤이트 정책으로 나미비아에서 시작된 반反남아프리카공화국 감정은 더 격해졌다. 1959년 반남아프리카공화국 운동을 펼친 샘 누조마Sam Nujoma는 부족 중심의 반남아프리카공화국 운동이 한계에 다다랐다고 생각했다.

1960년 4월 19일, 그는 남아프리카 인민기구South West African People's Organisation, SWAPO를 창당하여 전국적인 반남아프리카공화국 운동을 했으나 곧바로 남아프리카공화국 정권에 의해 체포되어 보츠와나로 망명을 떠났다.

샘 누조바

　보츠와나 다음으로 탄자니아, 잠비아, 앙골라를 돌아다닌 누조
마는 군사적 충돌이 불가피하다고 판단하여 1962년 SWAPO의 지
하 조직인 '남아프리카 인민해방군South West African Liberation Army, SWALA'
을 창설하여 독립운동을 지도했다.

　나미비아에 있는 남아프리카공화국 정권과 무장투쟁을 한
SWALA는 1966년부터 본격적으로 전쟁에 나섰다. 서구 열강과 유
엔 또한 남아프리카공화국을 비난하며 누조마가 이끄는 SWALA
를 지지했다.

　1968년 유엔은 남아프리카공화국이 지칭한 남서아프리카라는

국명을 원주민들의 뜻대로 나미비아로 변경했고, 1973년 SWAPO 를 나미비아의 유일한 대표로 인정했다. 그러나 1975년 이후부터 나미비아 독립전쟁은 복잡한 미로에 빠지게 된다.

남아프리카공화국으로부터 완전히 독립한 나미비아

1974년 포르투갈 제2공화국 독재 정권이 카네이션 혁명으로 붕괴되고, 혁명 후 들어선 포르투갈 신정부가 앙골라의 독립을 인정하면서 1975년 앙골라는 독립을 쟁취하게 된다.

하지만 독립의 기쁨도 잠시 앙골라는 그동안 독립전쟁을 이끌었던 독립군 단체들끼리 내전에 휘말리게 된다. 이 내전은 당시 앙골라에 있던 세 부족의 갈등, 냉전 시기의 이데올로기 문제 그리고 앙골라의 자원을 둘러싼 열강들의 개입에서 비롯되었다.

처음에는 당시 독립전쟁을 이끌었던 앙골라인민해방운동MPLA, 앙골라민족해방전선FNLA, 앙골라전면독립연맹UNITA이 고루 섞인 내각을 구성하고자 했으나 실패로 돌아갔고, 이어 UNITA가 선거를 통한 정당제로 내각 구성을 추진했으나 FNLA와 MPLA가 반발했다. FNLA와 MPLA은 UNITA보다 군사적인 힘이 강했기 때문에 무력을 통한 정권 탈취를 꿈꿨다.

한편, 서구 열강들은 전쟁 중인 좌익 무장 세력 사이에서 어느 쪽을 지지해야 될지 결정하지 못하고 있었다. 이들은 이 내전으로부터 자국의 이익을 극대화시키기 위해 겉으로만 왕따를 시키고 있었던 남아프리카공화국과 동맹을 맺었다.

남아프리카공화국 또한 이러한 분위기를 이용해 나미비아에서 약해진 권력을 군사력을 통해 더 강화시키려고 했다. 다시 말하자면, 서구 열강은 앙골라 내전에서 지지하고 싶은 무장 단체를 남아프리카공화국을 통해 지원했고, 남아프리카공화국은 이를 통해 국제 사회의 눈치를 보지 않고 나미비아에서 마음껏 군사 작전을 펼침과 동시에 앙골라 영토 또한 12퍼센트까지 점령할 수 있었다.

그러나 어느 순간부터 서구 열강들은 앙골라 내전에 관심이 없어졌다. 어차피 어느 세력이 이겨도 앙골라에서는 공산주의 정책이 펼쳐질 것이고, 그렇게 되면 그들의 입장에서는 내전 결과가 크게 의미 없기 때문이다.

이런 상황으로 인해 남아프리카공화국은 앙골라를 침략한 나라가 되어 버렸다. 아파르트헤이트 정책 때문에 국제적으로 고립된 남아프리카공화국의 1980년대 후반 정세는 나미비아의 독립전쟁과 국내에서 투옥된 넬슨 만델라Nelson Mandela가 이끄는 반아파르트헤이트 운동으로 인해 이미 혼란에 빠진 상황이었다.

남아프리카공화국은 결국 1988년 나미비아와 앙골라에서 쿠바 군대가 철수하는 대가로 나미비아의 독립을 인정하겠다고 선언했다. 1989년 유엔 통치하에서 실시된 총선에서 나미비아의 첫 합법적인 국회가 탄생했고, 나미비아는 1990년 3월 21일 독립선언을 했다.

나미비아는 1990년부터 집권 여당이 계속 정권을 잡고 있다. 모든 선거에서 집권 여당인 SWAPO가 이겼기 때문이다. 2005년 나미비아 정치인들은 국부로 모셔 왔던 누조마에게 4선 개헌을 하자고 제의했지만 누조마는 이를 거절하고 당 총재직을 후배들에게 맡긴 후 은퇴했다.

2대 대통령으로 선출된 히피케푸니에 포함바Hifikepunye Lucas Poham-ba도 2014년에 은퇴 선언을 하고, 2015년 대통령직을 친구 하게 게인곱Hage Geingob에게 맡겼다.

나미비아의 정치 구조는 언뜻 보면 단일정당제로 보이지만 실질적으로는 다당제이다. 물론 SWAPO가 아직까지 큰 실수를 하지 않고 나라를 운영하고 있으며, 독립전쟁에서 큰 공을 세운 덕분에 국민들에게 민심을 잃지 않고 있는 상황이다. 그리고 SWAPO 지도부에서도 독재 정치를 하지 않기 위해 노력하고 있다는 점 또한 국민들의 긍정적인 지지를 얻고 있다.

민간인 학살을 애도하기 위해 만든 카싱가 기념일

이처럼 다른 아프리카 국가에 비해 그나마 정치 상황이 안정되어 있는 나미비아이지만, 그들의 독립전쟁 과정을 살펴보면 억울한 사연이 한두 개가 아니다.

가장 아슬아슬했던 상황은 이웃 국가에서 터진 내전 때문에 독립이 흐지부지될 수도 있었던 순간이다. 그리고 이보다 더 억울하고 끔찍한 사건들도 있다.

나미비아의 공휴일 중 건국과 관련된 날은 2개뿐이다. 하나는 3월 21일로 지정된 '독립의 날'이고, 다른 하나는 1978년 5월 4일에 벌어진 민간인 학살을 애도하는 '카싱가 기념일Cassinga Day'이다.

한국에서 일제강점기 당시 많은 독립운동가들이 만주로 피신을 간 것처럼 나미비아에서도 독립전쟁 시기에 많은 독립운동가들이 북쪽에 있는 앙골라로 피신을 갔고, 그 지역에 난민촌들이 생겼다.

남아프리카공화국은 독립운동가들과 전투를 벌이는 과정에서 1978년 5월 4일, 앙골라의 카싱가에 있는 난민촌을 공습했고 그 결과 여성과 아동을 합쳐서 400여 명의 무고한 나미비아 시민들이 목숨을 잃었다.

민간인 학살로 역사에 기록되어 있는 카싱가 작전은 나미비아 사람들 기억에 가슴 아픈 사건으로 남아 있다. 이 사건으로 나미

카싱가에 있는 남민촌에서 벌어진 학살 당시 모습

카싱가 기념 행사

비아 독립전쟁은 국제 사회에서 정당화되었고, 나미비아 사람들의 독립 의식 또한 격해졌다.

나미비아가 독립되고, 남아프리카공화국에서 넬슨 만델라가 정권을 잡으면서 앙금이 쌓여 있던 양국 관계는 회복되었지만 나미비아 사람들은 아직까지도 그날을 잊지 않는다. 그날을 기억하는 이유는 현재의 남아프리카공화국을 원망하기 위해서가 아니라 본인들의 나라가 독립 국가임을 귀중하게 느끼고, 그날 억울하게 죽은 무고한 사람들의 영혼을 위로하기 위해서이다.

잊지 말아야 할 경술국치 사건

한국에도 카싱가 기념일 같은 날이 있다. 이 말을 들은 사람들은 광주민주화운동이 일어난 5월 18일을 떠올리겠지만 현대사 이전에 일어난, 기억해야 할 또 하나의 가슴 아픈 사건이 있다. 바로 '경술국치'이다.

1910년 8월 29일, 일본에 의해 강제로 체결된 한일합병 조약을 그 당시 독립운동가들은 '경술국치'라고 불렀다. 이는 '1910년(경술년)에 일어난 나라의 치욕(국치)'이라는 의미이다.

그동안 외세의 영향을 받지 않는 완전한 독립 국가를 꿈꿨던 독

일장기가 달린 1915년의 경복궁 모습

립운동가들은 그날을 조국의 독립을 완전히 잃어버린 날이라고 여기고 매년 8월 29일을 '경술국치일'이라고 부르며 애도했다. 물론 공개적으로는 행사를 열지 못하고 비공식적 모임에서 그날의 억울한 심정을 기억하는 것에 그쳤다.

한동안 비공개적이고 비공식적인 기념일이었던 경술국치일은 3.1 운동 이후 대한민국 임시정부가 생기면서 공식화되었다. 임시정부는 매년 8월 29일 선언서를 발표하거나 기념식을 열었다. 지금도 법으로 규정되어 있지는 않지만 각 지방 행정기구에서는 8월 29일에 태극기를 조기 게양하고 있다.

독립으로 쟁취한 대한민국의 가치

한 나라의 독립 과정을 보면 민족적인 차원에서 겪은 고통이 언제나 동반한다. 하지만 크나큰 고통 속에서도 민족이 한뜻으로 중지를 모으면 독립을 이루어 낼 수 있다.

과거가 없다면 미래도 없다. 나미비아도 한국도 억울하게 당했던 기억을 매년 추념하면서 독립을 이루었고, 독립 후에도 그것을 기억하면서 독립의 가치를 잊지 않으려고 한다. 또한 과거에 겪은 수치스러운 일을 덮으려고만 하지 않고 기억하려고 한다. 그래야 잘못된 역사를 반성하고 같은 잘못을 되풀이하지 않겠다고 마음먹을 수 있기 때문이다.

1910년 경술국치, 즉 한일합병 조약을 맺을 때 중심에 섰던 인물은 이완용이다. 아이러니하게도 그는 독립협회 창립 회원이자 한때 회장까지 맡은 사람이다. 1919년 대한독립선언서를 발표한 민족 대표 33인 중 한 명이었던 박희도도, 신한청년당 당원이자 임시정부 의원이었던 소설가 이광수도 후에 친일로 돌아섰다.

여기에서 우리가 기억해야 할 점은 나라의 지도자 혹은 고위급 관료들의 도덕성 결핍이 결국 나라를 일본에게 빼앗기게 했다는 점이다. 그리고 이보다 더 중요하게 기억하고 있어야 할 사실은 일제의 강압에도 불구하고 한국 사람들은 포기하지도 지치지도 않

이승만과 김구

고 민족의 자유를 쟁취하기 위해 일본과 싸웠다는 점이다. 과연 일본이 김구나 이승만 같은 독립운동가들을 매수하려 하지 않았을까? 당연히 했을 것이다. 그렇지만 독립운동가들의 애국심은 언제나 일본의 협박 혹은 회유를 넘어섰다.

대한민국 국민들은 나라를 잃은 1910년 8월 29일부터 전국적으로 독립을 외쳤던 1919년 3월 1일 그리고 독립전쟁을 하고 광복을 획득한 1945년 8월 15일까지, 수치스러운 사건부터 자랑스러운 일 등 그 기간에 일어난 모든 일을 다 기억해야 한다. 그래야 오늘날 떳떳하게 휘날리는 태극기와 대한민국의 가치를 지킬 수 있을 것이다.

참고 문헌

E.H. Carr, 《What is History?》, Penguin Group USA(1990)

Miroslav Hroch, 《Social Preconditions of National Revival in Europe》, ColumbiaUniversityPress(2000)

Paul Pierson, 《Politics in Time》, Princeton Univ Pr(2004)

그레고리 헨더슨, 《소용돌이의 한국 정치》, 이종삼, 박행웅 공역, 한울아카데미(2013)

김영작, 《한말 내셔널리즘》, 백산서당(2006)

박명규, 《국민 인민 시민》, 소화(2014)

박찬승, 《민족 · 민족주의》, 소화(2016)

박태균, 《한국전쟁 끝나지 않은 전쟁, 끝나야 할 전쟁》, 책과함께(2005)

베네딕트 앤더슨, 《상상의 공동체》, 윤형숙 역, 나남(2003)

브루스 커밍스, 《한국전쟁의 기원》, 김자동 역, 일월서각(2001)

빠르타 짯데르지, 《민족주의 사상과 식민지 세계》, 이광수 역, 그린비(2013)

서중석, 《한국 현대사 60년》, 역사비평사(2016)

앙드레 슈미드, 《제국 그 사이의 한국》, 정여울 역, 휴머니스트(2007)

에릭 홉스봄, 《1780년 이후의 민족과 민족주의》, 강명세 역, 창작과비평사(1998)

유길준, 《서유견문》, 명문당(2003)

정옥자, 《조선후기 조선중화사상연구》, 일지사(1998)

정재식, 《한국유교와 서구문명의 충돌》, 연세대학교 대학출판문화원(2004)

최정운, 《한국인의 발견》, 미지북스(2016)

최정운, 《한국인의 탄생》, 미지북스(2013)

프리드리히 마이네케, 《세계시민주의와 민족국가 : 독일 민족국가의 형성에 관한 연구》, 이상신, 최호근 공역, 나남(2007)

한국사연구회, 《새로운 한국사 길잡이-상,하》, 지식산업사(2008)

사진 출처

＊ 이외의 사진은 위키피디아에서 제공하는 사진을 활용했습니다.